Der Abstinentismus

und seine

Bedeutung für das Individuum und für die Gesellschaft

Von

Dr. Gustav Kabrhel,
o. ö. Professor der Hygiene,
Vorstand des hygienischen Institutes der böhmischen Universität und der staatlichen Untersuchungsanstalt für Lebensmittel in Prag

München und Berlin
Druck und Verlag von R. Oldenbourg
1907

Inhalt.

Einleitung.

In Kreisen, welche dem Wesen der Alkoholabstinenz fernstehen und die Ursachen, welche diese Strömung hervorgerufen haben, entweder nicht verfolgen wollen oder nicht zu verfolgen vermögen, begegnet man in der Regel der Ansicht, die Abstinenten seien exzentrische Sonderlinge, die, um sich in irgendeiner Hinsicht von den übrigen zu unterscheiden, althergebrachte unschuldige Gewohnheiten bekämpfen, wie den Genuß so schwacher alkoholischer Getränke, wie es Bier, Wein, Obstweine usw. sind.

Eine andere, freilich viel weniger verbreitete Ansicht ist die, daß die Abstinenten Menschen von höheren Grundsätzen sind, welche in der Bestrebung, durch eine einfache, besonders dem Genusse nervenerregender Mittel abgeneigte Lebensweise die richtige, vollkommene Betätigung der ihnen von der Natur verliehenen Qualitäten zu erreichen, dem Alkohol entsagen.

In Anbetracht dieser Anschauungen erscheint es zweckmäßig und lehrreich, einige auf die Zahl der Abstinenten in einigen Ländern Europas bezügliche Daten anzuführen. Es sei erwähnt, daß Schweden ca. 300000, Norwegen 200000, Dänemark 200000 Abstinenten zählen.

Könnte man unter dem Eindrucke dieser Zahlen noch der Ansicht sein, daß die erwähnten Länder soviel Toren und wundersame Heilige bewohnen oder daß die Bewohner der mitteleuropäischen Länder im Vergleich zu den Insassen der angeführten Staaten so große Unterschiede in bezug auf ethische Eigenschaften aufweisen könnten?

Gewiß kann man bereits auf Grund einer solch entfernten, den Kernpunkt der Frage nicht tangierenden Erwägung mit großer Wahrscheinlichkeit zu dem Schluß gelangen, daß weder der eine noch der andere Standpunkt, von welchem aus man die Abstinenten zu beurteilen pflegt, richtig sein kann.

Es sei von vornherein hervorgehoben, daß es sich bei dem Entschlusse, abstinent zu werden, weder um problematische, Personen gesunder Sinne unzugängliche seelische Vorgänge handelt, noch daß dazu besondere, ungewöhnlich reife Geisteseigenschaften die Bedingung bilden.

Zur logisch-psychologischen Charakteristik des Abstinentismus möchte ich, noch bevor ich zur genaueren Analyse desselben übergehe, den nachfolgenden dem Leben entnommenen Vorfall erwähnen:

Ich kannte einen Mann — zur Zeit meiner Gymnasialstudien war er bereits ein Greis —, der seit seinem 30. Lebensjahre kein Bier[1]) mehr trank. Ein schlichter Landmann, und doch galt er in seiner Umgebung für einen rechtschaffenen, besonders durch praktischen Sinn und Umsicht hervorragenden Menschen.

Die Umstände und Ursachen, welche ihn veranlaßt haben, vom Biertrinken abzusehen, waren die nachfolgenden: Als junger Landwirt pflanzte er, um den Ertrag seines Gutes zu erhöhen, auf einem geeigneten Grundstücke Hopfen, was ihm, seiner Erzählung nach, einen hohen finanziellen Gewinn brachte. Der Hopfenhandel und die Beziehungen zur Bierbrauerei brachten ihn zu der Erkenntnis, daß die Brauer zur Bierfabrikation außer Malz und Hopfen auch

[1]) Selbstverständlich auch keinen Schnaps.

noch andere Stoffe benutzen. Von dem aus Malz und Hopfen gebrauten Biere hegte er bis zu jener Zeit die Meinung, daß es ein gesundes Getränk sei. Von dem Augenblick an jedoch, von welchem seine Überzeugung von der richtigen Bierfabrikation erschüttert wurde, deutete er die schlechten Folgen des Biertrinkens, besonders den Kopfschmerz, als Folgen der Einwirkung von zur Bereitung dieses Getränkes benutzten ungehörigen Stoffen. Weitere Belege für diese Schlußfolgerung sah er auch in dem nachfolgenden Umstande: Als Hopfenpflanzer hatte er, wie er sagte, Gelegenheit, den richtigen bitteren Geschmack der in den Hopfenstauden enthaltenen Stoffe kennen und beurteilen zu lernen. Der bittere Geschmack des Bieres schien ihm oft nach dieser Richtung hin verdächtig.

Indem er nun die Möglichkeit einer schädigenden Wirkung und zugleich die Unmöglichkeit der Gewißheit, nur aus Hopfen und Gerste gebrautes Bier — das er für unschädlich hielt — zu erhalten, einsah, sagte er sich: »Wozu soll ich mich der Gefahr einer Schädigung aussetzen? Gewiß tue ich besser daran, vom Biertrinken abzusehen.« Und er zauderte nicht, diesen Entschluß tatsächlich zu verwirklichen.

Für seinen Entschluß, kein Bier mehr zu trinken, war also für diesen schlichten, aber praktischen Mann der Umstand bestimmend, daß er keine Sicherheit besaß, im Bier ein zweifellos unschädliches Getränk zu erhalten.

Die logische Verbindung der Prämissen und der auf denselben aufgebauten Schlußfolgerung war in dem von mir getreu berichteten Falle ganz schlicht und einfach.

Als charakteristisch erscheint dabei nur das einzige, daß dieser Mann, nachdem er sich einmal zu einer bestimmten Schlußfolgerung durchgerungen hat, auch die Kraft besaß, ohne Rücksicht auf die herrschenden Ansichten und Sitten die Konsequenzen derselben durchzuführen; eine solch selbständige Handlungsweise pflegt bei vielen

Menschen gewöhnlich nicht den Beifall zu erlangen. Es gehört nämlich zu den menschlichen Schwächen, daß ein jeder recht zu behalten wünscht. Je mehr Menschen unter einem Banner versammelt sind, desto größere Dimensionen nimmt dieser Anspruch an und steigert sich eventuell bis zur vermeintlichen Unfehlbarkeit, welche mit der Intoleranz enge verwandt ist.

Ich möchte nun hervorheben, daß der psychologische und logische Charakter der zur Abstinenz führenden geistigen Arbeit ebenso einfach ist wie der Motivenkomplex, welcher jenen schlichten Mann zu dem Entschlusse geführt hat, dem Biertrinken zu entsagen.

Um diese Behauptung zu begründen, ist es notwendig, vor allem die Beziehungen des Alkohols (Spiritus = Weingeist) als Noxe (schädigende Substanz) zu den Störungen der menschlichen Gesundheit klarzulegen und zu definieren.

Diesbezüglich muß in erster Reihe darauf hingewiesen werden, daß zwischen der Alkoholdosis und der schädlichen Wirkung kein Verhältnis einer einfachen, direkten Proportion besteht, wie man in diesen Fragen etwas abseits stehenden Kreisen gewöhnlich anzunehmen geneigt ist, — also kein Verhältnis, das durch die Gleichung $y = nx$, wobei x die Alkoholdosis, y die schädliche Einwirkung, n eine Konstante bedeutet, ausgedrückt werden könnte.

Nun kommt es vor, daß fast bei jeder Diskussion, betreffend die Alkoholwirkung, regelmäßig der Beweis der Unschädlichkeit bestimmter Alkoholmengen im Sinne der oben definierten Beziehung geführt wird.

Man sagt z. B.: »Dieser oder jener gesunde Mann trank von seiner Jugend an bis zu seinem späten Tod so und soviel Alkohol täglich. Ich trinke viel weniger Alkohol, folglich befinde ich mich außer jeder Gefahr«. Eventuell hört man die Schlußfolgerung, daß jener Mann eben deshalb gesund geblieben ist und ein so hohes Alter erreicht hat, weil er jenes bestimmte Quantum Alkohol getrunken hat, und daß es nützlich sein wird, sein Beispiel zu befolgen.

Es ist nun auf den ersten Blick klar, daß die oben zitierten Schlußfolgerungen unzutreffend sind, weil sie auf Grund einer falschen Voraussetzung gebildet wurden; denn die Beziehung eines direkten Verhältnisses, von welcher sie ausgeht, ist eine Annahme, welche mit der Wirklichkeit nicht übereinstimmt.

Die Wirkung des Alkohols auf den menschlichen Organismus ist keine so einfache Funktion, wie sich die Menschen, welche die oben angeführten oder ähnliche Schlußfolgerungen bilden, vorstellen, und hängt nicht nur von der Dosis sondern auch von anderen Faktoren ab, besonders von der Widerstandsfähigkeit des Menschen resp. von denjenigen Körpereigenschaften des Menschen, welche die letztere bedingen, von der Art der Beschäftigung, von den klimatischen Faktoren usw.

Bei dem Studium der Alkoholfrage resp. des schädlichen Einflusses des Alkohols auf den menschlichen Organismus bin ich zu der nachfolgenden mathematischen Formulierung der erwähnten Beziehung gelangt, wie sie sich mir im Lichte der bisher gesammelten Erfahrungen darstellt.

Bezeichnet man die Wirkung des Alkohols auf den menschlichen Organismus mit y, so ist

$$y = f(x, z, t, s, u)$$

wobei

x = die Menge des Alkohols,
z = die Art, in welcher man den Alkohol genießt,
t = die Körpereigenschaften,
s = die Lebensverhältnisse des Menschen (besonders das Klima, Beschäftigung usw.),
u = die Form, in welcher der Alkohol genossen wird,

bedeuten.

Die schädliche Wirkung des Alkohols auf den menschlichen Organismus ist also eine Funktion zahlreicher Variablen, nach deren resultierender Wirkung sich das Endergebnis richtet.

Es wird nunmehr unsere Aufgabe sein, einesteils die Wirkungen des Alkohols anderenteils die einzelnen Variablen, welche in dieser Beziehung in Betracht zu ziehen sind, zu besprechen.

Der Einflufs des Alkohols auf den Organismus des Menschen.

Vor allem haben wir die sogenannte akute Alkoholvergiftung zu besprechen, welche als unmittelbare Folge des Genusses eines bestimmten Alkoholquantums einen größeren oder kleineren Grad des Rausches nach sich zieht.

Die Wirkung des Alkohols gibt sich bei der akuten Vergiftung durch lähmenden Einfluß auf die Nervenapparate kund. Solchermaßen werden besonders jene Geistesvorgänge, deren Ausdruck die Urteilsbildung und Willenskundgebung bilden, geschwächt.

Die Gedankenarbeit, die Apperzeption und Koordination der Eindrücke nehmen einen langsameren Verlauf, die Qualität derselben wird minderwertig. Da jedoch unter dem Einflusse der Alkoholwirkung die Urteilsfähigkeit des Menschen getrübt ist, kommt die Verschlechterung der Geistesarbeit nicht zu seinem Bewußtsein, im Gegenteil erscheinen ihm die Resultate derselben in einem günstigen Lichte.

Die vermeintliche Verminderung der den Menschen bedrängenden Leiden ist gleichfalls das Resultat eines Truges, welcher in der verschlechterten Qualität der Geistesarbeiten begründet ist. Infolge der Trübung der Urteilsfähigkeit verliert der Mensch den Sinn für die richtige Beurteilung der Situation, in welcher er sich befindet.

Der lähmende Einfluß des Alkohols ist jedoch auch in der Sphäre der motorischen Innervationsvorgänge ersichtlich, in welcher er in der Unsicherheit der Muskelbeherrschung zum Ausdrucke gelangt (unsicherer Gang, lallende Sprache).

Im Beginne der akuten Alkoholvergiftung erscheinen bei kleiner Dosis die motorischen Vorgänge erleichtert, so daß besonders die Zunge gelenkig und die Gestikulation lebhaft wird.

Die lähmende Wirkung macht sich weiterhin in der Sphäre der vasomotorischen Organe geltend. Deshalb erweitern sich die Hautgefäße, die Haut wird wärmer, der Wärmeverlust erleidet eine Steigerung.

Durch die experimentellen Arbeiten von Kraepelin, Smith, Fürer, Aschaffenburg, Rüdin u. a. wurde der Nachweis geliefert, daß die ungünstige Beeinflussung der Geistesvorgänge bereits die Folge von verhältnismäßig sehr kleinen Alkoholmengen bildet.

Außerordentlich instruktiv sind in dieser Beziehung die Versuche von Aschaffenburg, bei welchen die Arbeit von denselben Schriftsetzern zum Teil nach dem Genusse kleinerer Alkoholmengen (= $^3/_4$ l Bier), zum teil ohne Alkohol verglichen worden ist. Nach dem Genusse der angegebenen Dosis arbeiteten die Typographen schlechter und langsamer, trotzdem sie davon überzeugt waren, daß ihnen die Arbeit unter dem Alkoholeinfluß besser und vollkommener gelingt.

Im Versuchswege wurde weiterhin festgestellt, daß die durch Mengen, welche 30—40 ccm absoluten Alkohols entsprochen haben, hervorgerufene Verschlechterung der psychischen Vorgänge etwa eine Stunde andauert, worauf es zur Rückkehr zum früheren Gleichgewichtszustande kommt.

Kraepelin hat weiterhin festgestellt, daß das Additionsvermögen bereits durch eine Dosis von 12 ccm Alkohol, die etwa $^1/_3$ l Bier entspricht, ungünstig beeinflußt wird.

Nach dem Genusse eines größeren Alkoholquantums, 80—100 ccm, was etwa 5—6 Halblitern gewöhnlichen Schankbieres entspricht, konnte die schädigende Wirkung durch 24, ja selbst durch 48 Stunden hindurch beobachtet werden.

Zu sehr lehrreichen Ergebnissen haben die besonders von Dr. Trey angestellten Versuche über den Einfluß des Alkohols auf die Muskeltätigkeit geführt.

Diese Versuche wurden in der Weise ausgeführt, daß die Versuchsperson in Zeitintervallen von je 2 Sekunden ein Gewicht von 4 kg heben mußte. Zu diesem Zwecke war das Gewicht an einer Leine angebracht, die um eine Rolle lief und am entgegengesetzten Ende mit einem Ring versehen war, bestimmt für den Mittelfinger der Hand, welche das Gewicht zu heben hatte.

Es wurde konstatiert, daß bereits der Genuß von Alkoholmengen, welche 0,3 l Bier entsprachen, die Arbeit der Versuchsperson bedeutend herabgesetzt hat. Trotzdem stimmten alle Versuchspersonen darin überein, daß ihnen bei gleichzeitigem Alkoholgenusse das Gewicht und die Ausführung der Arbeit leichter erschien.

Der schädliche Einfluß des Alkohols trat desto klarer zutage, je mehr die Arbeit gesteigert wurde.

Die empirischen Erfahrungen der Sportsleute, die bekanntlich vor größeren Leistungen dem Alkohol entsagen, werden durch die angeführten Versuche experimentell bestätigt.

Die durch die zitierten Versuche festgestellten Tatsachen haben bis jetzt die notwendige physiologische Erklärung nicht erlangt, weshalb sie, als unbegreiflich, in der Regel nicht jenes Verständnis und jene Anerkennung finden, die ihnen tatsächlich gebührt.

Man muß nämlich bedenken, daß die Beobachtungen, nach welchen der Alkohol einesteils die körperliche Arbeit erleichtert, worüber ja ein jeder mehr oder weniger Erfahrung hat, anderenteils aber dieselbe erschwert, in einem gewissen Widerspruche zueinander sind.

Der Verfasser glaubt für die angeführten Erscheinungen, die einander zu widersprechen scheinen, eine angemessene physiologische Erklärung gefunden zu haben.

Um dies klarzustellen, sei das Folgende hervorgehoben: Der Muskel birgt ein bestimmtes physiologisches Potential (das der chemischen Energie der Nährstoffe seinen Ursprung verdankt); dieses Potential steht bereit, um sich je nach Bedarf durch Einwirkung der den Muskel treffenden Reize entweder in Bewegung oder Wärme (eventuell elektrischen Strom) umzusetzen.

Betreffs des Einflusses des Alkohols auf den Organismus des Menschen muß jedoch gleichzeitig in Betracht gezogen werden, daß infolge der lähmenden Wirkung desselben sich die Hautgefäße erweitern, was mit einer größeren Wärmeabgabe verbunden ist. Soll die Wärmeökonomie nicht gestört werden, so muß der Muskel — als wärmebildendes Organ — mehr Wärme erzeugen. Zugleich geht jedoch aus dem Angeführten hervor, daß bei gleichzeitigem Umsatze des physiologischen Potentials in Bewegung und Wärme die Größe der Bewegungsenergie um so kleiner sein wird, je mehr Wärme die betreffende Muskel zu erzeugen genötigt ist.

Da beides das physiologische Potential zur Quelle hat, so ist es klar, daß die Arbeitskraft des Muskels unter dem Einflusse des Alkohols um so mehr vermindert sein muß, als die Wärmeproduktion erhöht ist[1]), und zwar infolge der erhöhten Wärmeabgabe durch die Haut.

Um dies näher klarzulegen, möchte ich auf einen elektrischen Akkumulator hinweisen, dessen potentielle Energie

---

[1]) Diesbezüglich wäre es interessant, zu prüfen, wie sich unter dem Einflusse des Alkohols die Abgabe der Wasserdämpfe durch die Haut verhält und ob sie sich nicht etwa auch vergrößert.

teils zum Betriebe einer Maschine teils zu Heizzwecken benutzt werden würde. Es ist einleuchtend, daß in diesem Falle die geleistete Arbeit der Maschine um so kleiner sein wird, je mehr Energie zu Heizzwecken verausgabt werden wird.

Auch ein Dampfkessel könnte als Beispiel angeführt werden, der außer zum Betriebe der Maschinen noch zur Heizung der Fabrik Verwendung finden würde. Die Arbeitskraft der Maschinen wird um so mehr leiden, je mehr Dampf zur Dampfheizung verwendet wird.

Gleichzeitig ist klar, daß die ungünstigen Wirkungen eines solchen zwiefachen Energieumsatzes im Muskelsystem desto weniger zutage treten werden, je weniger sich die Summe der auf diese Weise gleichzeitig umgesetzten Energien dem physiologischen Potential des Muskelsystems nähern wird.

Wird es sich somit um eine kleine körperliche Arbeit unter dem Einflusse des Alkohols handeln, so daß das physiologische Potential trotz der erhöhten Wärmeproduktion nicht erschöpft wird, so erleidet die körperliche Leistungsfähigkeit keine Verminderung und die berauschende Wirkung des Alkohols tritt in den Vordergrund; infolgedessen erscheint dem Menschen die Ausführung der Arbeit leichter.

Sobald jedoch solche Muskelarbeiten in Frage kommen, bei welchen eine maximale Umsetzung des physiologischen Potentials in Bewegung (wie dies z. B. bei Sportsleistungen der Fall ist) stattfinden soll, wird bereits die geringste, durch Umsetzung des Potentials in Wärme bedingte Verminderung eine raschere Erschöpfung des Potentials und eine Verminderung der Muskelarbeit zur Folge haben.

Nunmehr wenden wir unsere Aufmerksamkeit jenen Wechselbeziehungen zu, welche mit der Art des Alkoholgenusses zusammenhängen. In dieser Richtung ist namentlich die Art und Weise, unter welchen Umständen die Alkoholdosen wiederholt werden, von großer Wichtigkeit.

Es wurde bereits mitgeteilt, daß die durch Einwirkung einer einzelnen Alkoholdosis herbeigeführte Störung nach Ablauf eines bestimmten Zeitintervalles schwindet und Rückkehr zu dem ursprünglichen Gleichgewichtszustande stattfindet.

Bei regelmäßigem Genusse des Alkohols in kurzen Zeitintervallen wird die Rückkehr zum normalen Zustande immer unvollkommener. Der pathologische Zustand, der unter solchen Verhältnissen durch den immerwährenden, regelmäßigen Alkoholgenuß zustande kommt, wird als chronische Vergiftung oder einfach als Alkoholismus bezeichnet.

Die in den Organen stattfindenden Veränderungen und die mit denselben zusammenhängenden funktionellen Symptome, welche sich auf Grund von regelmäßig wiederkehrendem Alkoholgenusse entwickeln, zeigen in ihrem allgemeinen Charakter eine große Ähnlichkeit mit denjenigen, welche bei chronischen Vergiftungen durch anorganische Gifte, insbesondere durch das Blei, zustande kommen (Strümpel).

Diese Vergiftungen (z. B. die Bleivergiftung) zeichnen sich dadurch aus, daß die Aufnahme der giftigen Verbindung, die oft in den minimalsten, freilich Tag für Tag wiederholten Portionen vor sich geht, lange Zeit hindurch ohne jeden ausgesprochenen Einfluß auf den Organismus des Menschen bleiben kann.

Ein solch scheinbarer Ruhezustand kann monate-, selbst jahrelang andauern, bis plötzlich, manchmal mit einem Schlage, Symptome ernster, den Organismus schwer bedrohender Störungen auftreten.

Bei derartigen chronischen Vergiftungen, bei welchen die eine schwere Störung vorbereitenden Organveränderungen verborgen bleiben, handelt es sich somit zweifellos um eine allmähliche Summation der schädlichen Einflüsse, die durch Wiederholung unbedeutender Gaben des betreffenden Giftes herbeigeführt wurde.

Ganz analogen Erscheinungen begegnet man auch bei der chronischen Alkoholvergiftung. Bei Personen, die vorher nie berauscht waren, können schwere Störungen sowohl in den die somatischen als auch die psychischen Funktionen beeinflussenden Organen auftreten.

Im Vordergrunde der auf Grund regelmäßigen Alkoholgenusses zutage tretenden Störungen stehen, wie später noch genauer dargelegt werden wird, diejenigen der zentralen Nervenorgane resp. des Gehirnes.

Durch den schädlichen Einfluß auf das Gehirn entsteht jener Zustand — chronische Vergiftung ist seine Bezeichnung —, dessen tückischstes Attribut die Sehnsucht nach Erneuerung des Genusses bildet, welche bei gleichzeitigem Anwachsen der Intoleranz gegen die schädliche Alkoholwirkung im Laufe der Zeit zu einem unwiderstehlichen, nicht zu bändigenden Zwange anwächst. Entsagt man nicht noch zu richtiger Zeit der alkoholfreundlichen Lebensweise, so führt die angeführte Reihe von Störungen (ein wahrer Circulus vitiosus) zur Entstehung schwerer Nervenstörungen.

Wie bei der akuten Intoxikation, so werden auch bei der chronischen Vergiftung durch die schädliche Alkoholwirkung teils die psychischen teils die motorischen Funktionen getroffen.

In ihrem Charakter stehen diese Störungen jenen nahe, die durch die Wirkung der Einzeldosis zustande kommen.

Bezüglich des Einflusses auf die psychische Sphäre ist nachfolgendes hervorzuheben:

Die Qualität der psychischen Vorgänge wird minderwertig, die Fähigkeit richtiger Urteilsbildung verschlechtert sich, die Apperzeptionsfähigkeit gegenüber neuen Eindrücken nimmt wesentlich ab, das Gedächtnis wird schwächer.

Dic Energie des von der chronischen Alkoholvergiftung betroffenen Menschen vermindert sich, sein Wille erlahmt, die Fähigkeit, sein Tun den gegebenen Verhältnissen geziemend anzupassen, wird geringer.

Die in den Nervenorganen sich geltend machenden Veränderungen beeinflussen weiterhin den Gesamtcharakter des Menschen, der vollkommen verändert erscheint. Die Gebote der Moral, das Gefühl bestimmter Verpflichtungen der Familie und der übrigen Gesellschaft gegenüber schwinden; die Kindes- und Elternliebe, jene herrlichsten Gefühle der Menschenseele, gehen vollkommen verloren; an ihre Stelle treten Egoismus und Brutalität.

Doch nicht genug daran, der durch Alkohol vergiftete Mensch wird lügnerisch; der Unterschied zwischen Mein und Dein geht ihm verloren; er ist zänkisch, leicht erregbar, neigt zu Gewalttaten und Exzessen überhaupt.

Das Geistesleben des durch Alkohol vergifteten Menschen wird leer; diese Leere wird von einem Gedankenkreis erfüllt, dessen Mittelpunkt die glühende, unbezwingliche Sucht nach dem Alkohol und der von diesem bereiteten Wonne bildet.

Von den motorischen Störungen sind vor allem anzuführen: Tremor der oberen Extremitäten (Händezittern) und Paralysen (der Kranke ist außerstande, auf den Füßen zu stehen, etwas in die Hand zu nehmen usw.). Den Paralysen gesellen sich Sensibilitätstörungen bei. Außerdem treten als Folge der chronischen Alkoholvergiftung delirante Formen auf, besonders bei Delirium tremens. Infolge regelmäßigen Alkoholgenusses entstehen weiterhin auch schwere Leber-, Herz-, Nierenstörungen und Anomalien des Stoffwechsels.

Abhängigkeit der Alkoholwirkung von der Art des Alkoholgenusses.

Der Charakter der schädlichen Einflüsse hängt des weiteren zum großen Teil von der Form ab, in welcher der Alkohol genossen wird. Die schwersten und verhängnisvollsten Formen der Alkoholvergiftung treten durch Getränke ein, welche den Alkohol in konzentrierter Form enthalten, handelt es sich nun um gewöhnlichen Schnaps oder um feinere geistige Getränke, wie Kognak, Rum, Zwetschengeist oder die verschiedenen Liköre.

Es ist hervorzuheben, daß die schwersten Störungen des Nervensystems, besonders das Delirium tremens, Leberkrankheiten (Leberschrumpfung = Cirrhose) und die schweren Formen chronischer Erkrankungen der Verdauungsorgane hauptsächlich bei Schnapstrinkern auftreten.

Ursprünglich war man der Meinung, daß die schädliche Wirkung des Schnapses und ähnlicher Getränke durch gewisse Gärungsprodukte bedingt wird, welche bei der Destillation (durch eine solche wird nämlich der Alkohol aus gegorenen, zuckerhaltigen Rohstoffen gewonnen) von dem Alkohol nicht getrennt werden können. Zu solchen Produkten gehören die höher konstituierten Alkohole, besonders der Amylalkohol — Fusel —, und eben diese wurden für das schädliche Prinzip der Schnäpse und ähnlicher geistiger Getränke gehalten. Dies ist jedoch nicht der Fall. Den eigentlichen schädlichen Stoff in allen geistigen Getränken stellt der Äthylalkohol dar — es ist derjenige Stoff, der als Alkohol schlechthin bezeichnet wird. Die Bedeutung der höher konstituierten Alkohole, die namentlich in den feineren Likören, Rum, Kognak usw. enthalten sind, ist nur dahin aufzufassen, daß sie geeignet sind, den schädlichen Einfluß der genannten alkoholischen Getränke zu steigern.

Ich möchte mich nun der Besprechung der Einwirkung des durch Vermittlung des Bieres genossenen Alkohols zuwenden, da der Genuß des letzteren in dieser Form in unseren Gegenden sehr verbreitet ist. Es ist zu berücksichtigen, daß der Alkohol in dieser Form zur täglichen Nahrung aller derjenigen geworden ist, welche die Mittel besitzen, sich Bier anzuschaffen. Alle diejenigen, welche tagtäglich, selbst einigemal des Tages den Alkohol in dieser Form genießen, hegen die Überzeugung, daß dies nicht nur zu ihrem eigenen Vorteile sondern auch ihren Frauen und Kindern zu Nutz und Frommen geschieht, daß durch das regelmäßige Biertrinken ihre Gesundheit, Leistungsfähigkeit in jedem Berufe, ob es sich nun um einen Arbeiter oder einen Beamten, einen Gewerbetreibenden oder einen Landwirt handelt, gesteigert und gefördert wird. Dies aber ist nur ein verhängnisvoller Trug. Die Alkoholgefahr beginnt und endigt nicht bei jenen Klassen, die starke alkoholische Getränke, wie Schnaps, Rum, Kognak, Liköre usw., genießen.

An diesen ist nur die Kluft klar zu sehen, bis zu welcher der Alkoholismus führen kann. Da nämlich im Schnaps der Alkohol stark konzentriert ist, entwickelt sich der durch die Sucht nach dem Alkoholgenusse charakteristische Zustand verhältnismäßig bald und schnell.

Diese Begierde und die mit derselben verbundene Intoleranz der schädlichen Alkoholwirkung gegenüber steigert sich unter den gegebenen Verhältnissen rasch; infolgedessen schreiten auch die übrigen krankhaften Veränderungen rapid vorwärts.

Der Alkohol wird jedoch aus dem Feinde nicht zum Freunde des Menschen, wenn er in verdünnter Form, d. h. als Bier (eventuell Wein; doch besitzt dieses Getränk für unsere Verhältnisse weniger Bedeutung), genossen wird. Die Folgen werden im Gegenteile noch tückischer, indem sie sich allmählich entwickeln und die betreffenden Personen infolge der Fettansammlung im Unterhautzellgewebe ein gutes Aussehen zur Schau tragen.

Von dem richtigen Urteile lenkt den Biertrinker besonders der Umstand ab, daß das Bier Nährstoffe enthält — weshalb sogar das geflügelte Wort »flüssiges Brot« für dasselbe erfunden worden ist —, des weiteren auch die Vorstellung, daß im Bier ganz wenig Alkohol enthalten ist.

In bezug auf die Nährstoffe muß jedoch darauf hingewiesen werden, daß bei der Bierfabrikation etwa $^4/_5$ des Nährwertes der Gerste verloren gehen. Infolgedessen wird der im Bier in Form extraktiver Stoffe enthaltene Rest derselben unverhältnismäßig teuer bezahlt. Nach einer Berechnung Strümpels zahlt man für die im Bier enthaltenen Nährstoffe im Vergleiche zum Brot etwa achtmal soviel.

Was aber den geringen Alkoholgehalt betrifft, so bildet es für den sogenannten mäßigen Trinker eine nicht geringe Überraschung, wenn man den von ihm täglich im Bier genossenen Alkohol auf die entsprechende Schnapsmenge umrechnet.

Bei uns wird wohl niemand, der täglich 3—3,5 l Bier (Vormittag 0,5, zu Mittag 1,0, abends 1,5—2,0) austrinkt, für unmäßig gehalten. Die im Bier enthaltene Alkoholmenge kann im Durchschnitt mit 3,5 % geschätzt werden. Der gewöhnliche Schnaps enthält etwa 20 % Alkohol.[1])

---

[1]) Es ist zu bemerken, daß die Schnapsverkäufer bei der Zubereitung des Schnapses den Alkohol mit Wasser verdünnen und dabei eher mehr denn weniger Wasser beizumischen bestrebt sind, um einen größeren Gewinn einzuheimsen. Dadurch geschieht es, daß sich der Durchschnittswert des Alkohols im Schnaps, wie er in den Verkauf kommt, um 20 % herum bewegt. In der K. K. Allgemeinen Lebensmitteluntersuchungs-Anstalt, dessen Vorstand der Verfasser ist, wurde konstatiert, daß die von Amtswegen zur Untersuchung eingesandten Schnapsproben öfter weit weniger als 20 % Alkohol enthalten.

Wird der im Bier enthaltene Alkohol auf Schnaps umgerechnet und einem Biertrinker vorgehalten, daß die von ihm täglich genossene Alkoholmenge derjenigen gleich ist, welche der Schnapstrinker in 0,5 resp. 0,6 l seines Genußmittels zu sich nimmt, so wird nicht nur seine benevolente Ansicht von der Zusammensetzung des Bieres sondern auch von seiner eigenen Überlegenheit, mit der er auf jene Bedauernswerten, die sich mit Schnaps vergiften und täglich fünfmal ihr Gläschen leeren, herabgesehen hat, merklich abgekühlt. Denn der Unterschied besteht nur darin, daß der dem Schnaps ergebene Mensch sein Gläschen mit einem Ruck »hinter die Krawatte schüttet«.

Im Lichte der herrschenden Ansichten und Sitten ist freilich ein seine 6 und mehr Halbliter Bier trinkender Mensch mäßig, während ein anderer, der 5—6 mal im Tage je ein Gläschen Schnaps leert, ein Alkoholiker ist.

Nachdem wir durch die vorhergehenden Berechnungen und Betrachtungen jenen scharfen Gesichtspunkt erreicht haben, welchem die jetzige mäßig biertrinkende Gesellschaft regelmäßig fernbleibt, schreiten wir zur Besprechung der schädlichen Einflüsse des Bieres resp. des in dem letzteren enthaltenen Alkohols.

Diesbezüglich fällt in die Wagschale: die Ablagerung von Fett in der Leber und dem Herzen, chronische Herzstörungen (Herzerweiterung und myodegenerative und nervöse Störungen), Nierenkrankheiten (insbesondere die chronische, jedoch auch die akute Nierenentzündung), die alle mit dem Trinken der schwächeren geistigen Getränke, vor allem des Bieres, in Zusammenhang stehen.

Von der Arteriosklerosis mit nachfolgender Herzerweiterung, welche gefährliche Gefäßerkrankung in neuerer Zeit bei verhältnismäßig jungen Leuten auftritt, meint Strümpel, daß sie mit den schädlichen Wirkungen des Alkohols in Zusammenhang gebracht werden muß.

Von großer Wichtigkeit sind bei Biertrinkern die toxischen Wirkungen des Alkohols, welche die biochemische Funktion der Zellen beeinflussen, so daß der Stoffwechsel in abnormale Bahnen geleitet wird.

Im Anschluß an den berühmten deutschen Kliniker Strümpel halte ich es für angezeigt, das Nachfolgende mitzuteilen: Bezüglich des Stoffwechsels müssen im allgemeinen hauptsächlich drei Arten pathologischer Vorgänge unterschieden werden. Die Störung des Stoffwechsels kann nämlich betreffen: a) die Eiweißstoffe, in welchem Falle sie unter dem Bilde einer Gichterkrankung verläuft (abnormale Bildung von Harnsäure und Ablagerung der letzteren in der Nachbarschaft gewisser Gelenkverbindungen); b) die mangelhafte Verbrennung der Kohlehydrate, welche im Abgange von Zucker im Harn ihren Ausdruck findet (Zuckerruhr); c) den krankhaften Verlauf der chemischen Prozesse, der sich in abnormaler Fettbildung äußert (Fettsucht).

Die Quelle der angeführten Anomalien ist in der krankhaft herabgesetzten chemischen Energie gewisser oder aller Zellen des menschlichen Körpers zu suchen.

Die Ursache einer derartigen krankhaften Hemmung der chemischen Stoffwechselvorgänge können teils angeborne teils durch die Wirkung gewisser Gifte hervorgerufene Eigenschaften bilden.

Ein solches Gift stellt der Alkohol dar. Bei der chronischen Alkoholvergiftung kommen die schädlichen, hemmend in den Verlauf des Stoffwechsels eingreifenden Wirkungen zur Geltung (Strümpel).

Betreffs der Gicht gilt als allgemein angenommene Ansicht, daß sie die Folge eines an Genüssen reichen, mit reichlichem Alkoholgenusse verbundenen Lebens ist.

Bezüglich der Zuckerruhr behauptet Strümpel, daß einzelne Formen derselben — er bezeichnet sie als Bierdiabetes — zweifellos mit der toxischen Wirkung des Alkohols zusammenhängen. Es sind dies besonders gewisse leichtere Formen der Zuckerruhr, die bei Fettleibigen auftreten und eine große praktische Bedeutung besitzen.

Was die Fettleibigkeit anbelangt, so ist es eine bekannte Tatsache, daß sie vor allem Biertrinker heimsucht. Frauen, die volle Formen zu erlangen wünschen, benützen das Bier zu diesem Zwecke und trinken dasselbe in bedeutenden Mengen.

Strümpel, welcher die Frage der Einwirkung des Bieres auf den menschlichen Organismus zum Gegenstande weitläufiger klinischer Studien gemacht hat, sagt, daß es keinen unrichtigeren Standpunkt geben kann als den, daß durch die zunehmende Verdrängung anderer alkoholischer Getränke durch das Bier die schädlichen Einflüsse des Alkohols vermindert werden können. Nach Strümpels Ansicht hat der in dieser Form angebotene Alkohol, durch welche ihm die Maske eines scheinbar leichten, gut schmeckenden und zugleich nahrhaften Genußmittels verliehen wurde, in Kreisen Eingang gefunden, die ihm sonst verschlossen geblieben wären und die, ohne es zu ahnen, sich den gefährlichen, tückischen Wirkungen desselben preisgeben.

Der zitierte Autor kam auf Grund umfassender Studien zu der Überzeugung, daß der Alkoholismus neben der Tuberkulose und der Syphilis zu den verbreitetsten Krankheiten der menschlichen Gesellschaft zählt.

Ich halte es für wichtig, an dieser Stelle aufmerksam zu machen, daß für die Menschen die Fettablagerung im Unterhautzellgewebe und die mit derselben verbundene Fülle und Rundlichkeit der Formen, welche das Biertrinken mit sich bringt, eben als ein sichtbares, überzeugendes Zeichen des wohltätigen Einflusses dieses Getränkes gilt. Davon, daß es sich dabei um eine ihrem Wesen nach krankhafte Erscheinung, bedingt durch den abnormalen Verlauf der biochemischen Vorgänge im Zellprotoplasma, der sich auf Grund des toxischen Alkoholeinflusses entwickelt hat, handeln könnte, hat gewöhnlich kaum jemand eine Ahnung.

Die Fettleibigkeit der reichlich Bier Trinkenden ist durchaus kein sicheres Anzeichen des körperlichen Wohlergehens. Sie ist in gewissem Sinne eine ähnliche Täuschung wie der Geistesvorgang, welcher den Menschen glauben macht, daß seine Tätigkeit unter dem Einflusse des Alkohols sowohl in geistiger als auch in körperlicher Beziehung erfolgreicher, vollkommener ist.

Wie das erwähnte gute Aussehen seinem eigentlichen Wesen nach trüglich ist, beweist in lehrreicher Weise die geringere Widerstandsfähigkeit des durch den Einfluß des Alkohols veränderten menschlichen Organismus verschiedenen Krankheiten resp. den die letzteren hervorrufenden Faktoren gegenüber.

Eine lehrreiche Illustration hierzu bildet die Mortalität der Gastwirte und jener Mannspersonen, welche bei der Erzeugung und dem Verkauf von geistigen Getränken beschäftigt sind, im Vergleiche zu anderen Klassen der Einwohnerschaft.

Zu diesem Zwecke ist die Arbeit von Dr. Guttstädt zu berücksichtigen, welcher die notwendigen statistischen Daten der zur 75 jährigen Gründungsfeier herausgegebenen Publikation der Lebensversicherungsbank in Gotha entnommen hat.

Diese Arbeit zeigt klar, daß die in ihrem Berufe den Verführungen des Alkoholismus ausgesetzten Männer bei weitem zahlreicher in jüngeren Jahren sterben als Männer anderer, zum Alkoholismus nicht verführender Berufe.

Zur näheren Orientierung sei die nachfolgende Tabelle angeführt:

Es starben in °/₀₀ Lebensalter von	25—40	40—60	über 60 Jahre
von den versicherten Männern überh.	18,16	30,05	45,79
von Gastwirten usw.	23,79	46,51	29,70
von Brauereigehilfen	47,31	36,00	16,69
von Kellnern, Hausdienern	66,97	28,13	4,90

Eine überaus deutliche Sprache redet nach dieser Richtung hin auch die Tatsache, daß die Abstinenten bei den englischen Versicherungsgesellschaften — in neuerer Zeit auch in Deutschland und der Schweiz — den Vorteil einer geringeren Prämie genießen.

Es erübrigt zum Schlusse hervorzuheben, daß es selbst bei Biertrinkern — wenn auch im großen und ganzen selten — bis zu den traurigsten Folgen kommt, die sich im Delirium tremens äußern.

So führt Jacobson an, daß 6% seiner vom Delirium tremens befallenen Pfleglinge ausschließlich Biertrinker waren.

In der Trinkerheilanstalt »Ellikon« im Kanton Zürich fand sich stets eine Anzahl Kranker vor, die bei Vermeidung des Schnapses entweder Wein oder Bier oder Obstwein oder aber ausschließlich den letzteren getrunken haben.

Des weiteren muß beachtet werden, daß die zitierte Erkrankung in einzelnen Fällen sogar bei Menschen aufgetreten ist, die vorher niemals betrunken gesehen worden sind, im übrigen ein ordentliches Leben geführt, aber »dem stillen Suffe« sich ergeben haben.

In ähnlicher Weise können alkoholische Erkrankungen des Herzens und der Niere bei Menschen zutage treten, die nahezu niemals einen Rausch hatten (Strümpel).

In der starken individuellen Widerstandskraft der berauschenden Wirkung gegenüber liegt also eine Gefahr, die für die chronischen Veränderungen anderer Organe den Boden bereitet.

Die Abhängigkeit der Alkoholwirkung von der Widerstandsfähigkeit des menschlichen Organismus.

Es erscheint nunmehr notwendig, die Widerstandsfähigkeit des menschlichen Organismus gegenüber dem Alkohol zu besprechen.

Um dies klarzustellen und dem Verständnis näher zu bringen, erscheint es mir zweckmäßig, darauf aufmerksam zu machen, daß in ähnlicher Weise, wie gewisse körperliche und geistige Eigenschaften, deren Beurteilung den menschlichen Sinnen leicht erreichbar ist, bei verschiedenen Menschen verschieden entwickelt sind, auch jene inneren Qualitäten, vermittelst welcher der menschliche Organismus den Einfluß der ihn bedrängenden Schädlichkeiten zunichte macht, je nach der Individualität sehr verschieden sind.

Diese Verschiedenheit tritt besonders bei dem Verhältnis zur Einwirkung zahlreicher, sowohl organischer als anorganischer, giftiger Verbindungen scharf zutage. Ganz besonders auffallend machen sich die Unterschiede der Widerstandsfähigkeit bei chronischen, durch Einwirkung gewisser anorganischer Gifte herbeigeführten, vor allem Blei-, Quecksilber-, Arsenvergiftungen geltend, wie die unzähligen bei den Arbeitern der betreffenden Gewerbe- und Industriezweige gewonnenen Erfahrungen beweisen.

Personen, die unter völlig gleichen äußeren Verhältnissen den Schädigungen dieser Art ausgesetzt sind, zeigen große Verschiedenheiten, sowohl bezüglich des Zeitpunktes, in welchem die pathologischen Veränderungen aufzutreten beginnen, als auch bezüglich des Grades und der Organe, welche von denselben betroffen werden.

Mancher Arbeiter reagiert auf den schädlichen Einfluß des in seinen Körper eingedrungenen Bleies in verhältnismäßig kurzer Zeit mit schweren Störungen, ein anderer bleibt von ernsteren Veränderungen selbst mehrere Jahre verschont.

Ähnliche Verhältnisse können auch betreffs der schädlichen Alkoholeinflüsse beobachtet werden. Auch hier spielen die individuellen Eigenschaften des Menschen eine große Rolle. Die Widerstandsfähigkeit den schädlichen Einflüssen dieses Giftes gegenüber weist sehr verschiedene Grade auf. Desgleichen auch die Widerstandsfähigkeit der von der Noxe getroffenen Organe; bei einem entwickeln sich Herz-, bei anderen Nieren-, bei anderen schließlich Ernährungsstörungen.

Eine ungemein wichtige Rolle spielt diese verschiedene Widerstandsfähigkeit in der Sphäre jener Störungen, deren Sitz im Zentralnervensystem zu suchen ist. Bei Menschen, bei denen die angedeutete Widerstandsfähigkeit weniger entwickelt ist, besteht bezüglich des Eintrittes jener unabsehbaren Folgen, welche die chronische Alkoholvergiftung Schritt für Schritt herbeiführt, eine größere Gefahr.

Insbesondere muß hervorgehoben werden, daß der Alkoholismus eine von jenen pathologischen Formen darstellt, unter deren Bilde die Dispositionen zu Nervenerkrankungen bei Mitwirkung der übrigen akzidentellen Faktoren zu klarem Ausdrucke gelangen. Im Sinne der neueren Erfahrungen der Psychiater ist die Gefahr des Alkoholismus für alle, die ein einigermaßen labiles Nervensystem besitzen, eine viel größere.

Bei Menschen, die auf Grund der Labilität ihres Nervensystems zum Alkoholismus hinneigen, tritt die chronische Alkoholvergiftung — deren anfänglichstes und gefährlichstes Symptom die von der wachsenden Intoleranz gegen die schädlichen Alkoholwirkungen begleitete Sehnsucht nach der Erneuerung des Genusses bildet — mit ihren fatalen, unerbittlich fortschreitenden Konsequenzen leichter und nach geringerer Dosis ein.

In zahlreichen Fällen stellt der Alkohol zweifellos jenen Faktor dar, welcher bei vorhandener Labilität des Nervensystems eine Störung des bislang bestandenen Gleichgewichtes und in weiterer Einwirkung psychische Störungen mit stets jäherem Gefälle bewirkt.

Ohne den schädlichen Alkoholeinfluß würde das Nervensystem im Gleichgewicht erhalten bleiben, der betreffende Mensch würde ein nützliches Mitglied der menschlichen Gesellschaft bleiben, ohne ihr zur Last zu fallen.

Es ist nicht uninteressant, zur Beleuchtung und Bekräftigung der eben hervorgehobenen Beziehungen einige Angaben anzuführen, welche einen Vergleich zwischen dem Alkoholismus der Frauen und der Männer bezwecken. Die Frauen sind verhältnismäßig mäßig geblieben, der Strom der Trinkersitten, denen die Männer in so hohem Maße unterlegen sind, hat sie nicht mitgerissen.

Daher ist auch der Alkoholismus bei den Frauen verhältnismäßig seltener. Nach den diese Frage behandelnden Statistiken verfallen dieser Krankheit etwa nur 6—10% Frauen, die übrigen 90% sind Männer. Außerdem kann beobachtet werden, daß die dem Alkoholismus verfallenen Frauen Symptome schwerer psychischer Degeneration aufweisen.

Aus dem Angeführten kann geschlossen werden, daß der Alkoholismus der Frauen auf die Rechnung eines höheren Grades von Empfänglichkeit gegenüber der toxischen Alkoholwirkung fällt, welcher eben der Ausdruck der angeborenen degenerativen Eigenschaften der betreffenden Person ist.

Da nicht angenommen werden kann, daß sich die Frauen bezüglich der Degenerationsqualitäten so sehr von den Männern unterscheiden, daß die durch die oben zitierten Zahlen so auffallend ausgedrückte Differenz hiermit erklärt werden könnte, so ist der Schluß vollauf berechtigt, daß die 80—90% Männeralkoholiker das Opfer von Trinkersitten sind.

Gleichzeitig sei hervorgehoben, daß die Eigenschaft, daß jemand »viel verträgt«, also auch nach dem Genusse größerer Mengen Alkohols ziemlich nüchtern bleibt, in keiner Weise ein Anzeichen bildet, aus dem mit Sicherheit geschlossen werden könnte, daß der Betreffende auch bei regelmäßigem Alkoholgenusse von dem schädlichen Einflusse des Alkohols verschont bleiben müßte, besonders was das Nervensystem betrifft. Es bildet nämlich, wie ja schon oben bemerkt wurde, eben ein Charakteristikum der chronische Vergiftungen erzeugenden Gifte, daß ihre Wirkungen sich summieren, so daß manchmal erst nach Ablauf von langer Zeit, während welcher keine deutlicheren Wirkungen zutage getreten sind, die pathologischen Symptome in jäher Weise zum Durchbruch kommen.

Um den schädlichen Einfluß des Alkohols auf das Gehirn vollauf zu kennzeichnen, erscheint es notwendig mitzuteilen, daß derselbe auch für die Entstehung anderer Geisteskrankheiten (besonders der Paralyse und der Epilepsie) eine hohe Bedeutung besitzt. Nach der übereinstimmenden Ansicht der Psychiater trägt der Alkohol zur Entstehung derselben bei und verschlechtert ihren Verlauf.

Lehrreiche Zahlen bieten in dieser Beziehung die Angaben, welche die Verbreitung des Alkoholismus unter den Pfleglingen der Irrenanstalten betreffen. In den böhmischen Irrenanstalten waren in den Jahren 1897—1899 unter den männlichen Pfleglingen 38,1%, bei welchen an der Entstehung der Geistesstörung der Alkoholismus beteiligt war (bei Frauen kamen nur 3,4% in Betracht).

Sioli fand, daß unter den im Jahre 1897 in die Frankfurter Anstalt aufgenommenen Männern der Alkohol in 35% beteiligt war, unter den Frauen in 5%.

Nach Kraepelin bilden in Herzberg, der neuesten Berliner Anstalt, die Alkoholiker 70% aller Geisteskranken.

In der St. Anna-Anstalt in Paris betrug im Jahre 1894 die Zahl der durch den Alkohol dahingekommenen Männer 38,12%, der Frauen 12,81%.

Die Abhängigkeit der Alkoholwirkung von der Muskelarbeit.

Ich gehe nunmehr zu der Frage über inwiefern die äußeren Verhältnisse, mit denen das Leben des Menschen verknüpft ist, geeignet erscheinen, ihren Einfluß auf den Verlauf der durch den Alkohol bedingten Veränderungen geltend zu machen und an der Entwicklung derselben in positivem oder negativem Sinne aktiven Anteil zu nehmen.

Es sei jedoch von vornherein hervorgehoben, daß ich in diesem Falle nicht an den Einfluß jener Faktoren sozialen Charakters denke, in deren Milieu der Mensch zum Trinken der alkoholischen Getränke verführt, manchmal selbst direkt genötigt wird.[1])

Vielmehr habe ich jene äußeren Einflüsse vor Augen, welche, sei es durch günstige oder ungünstige Einwirkung auf die Gestaltung der inneren organischen Qualitäten des Menschen, auf diese indirekte Weise zu den Alkoholwirkungen resp. zu der Entstehung der durch diesen

---

[1]) Hierher ist besonders zu rechnen die Auszahlung einer bestimmten Quote des Lohns in Form von alkoholischen Getränken, die Auszahlung des Lohnes in Gasthäusern, Kantinen (die Kreise und Faktoren, die an der Erzeugung und dem Vertriebe der alkoholischen Getränke beteiligt sind streben die Vergrößerung der Produktion und den Verbrauch derselben an). Auch die Beziehungen der Erwerbsverhältnisse stehen in Zusammenhang mit dem Genusse der Alkoholica usw.

toxischen Stoff in Gang gesetzten Veränderung in gegenseitige Beziehungen treten.

Die Bedeutung dieser Faktoren, besonders für die Entfaltung der chronischen Intoxikationsveränderungen, ist bis jetzt einer kritischen Untersuchung noch nicht unterworfen worden, auch wurde das Studium dieser Frage bislang nicht in den Komplex derjenigen elementaren Probleme einbezogen, welche die Grundlagen der richtigen Charakterisierung der Alkoholfrage bilden.

In keiner der umfassenden und gründlichen Monographien aus neuerer Zeit, die mir zur Hand stehen, fand ich eine Andeutung, welche auf dieses Gebiet der Alkoholfrage Bezug genommen hätte.

Trotzdem bin ich in der Lage, gewichtige Gründe anführen zu können, daß die auf diesen Punkt gerichtete Forschung eine geziemende Beachtung verdient.

Zur Begründung der Berechtigung der Anschauung, daß auch die Einflüsse des äußeren Milieus durch den Umstand, daß sie die Gestaltung gewisser Qualitäten der Organe, aus denen der Körper besteht, beeinflussen, in irgendwelcher Weise mit der Entstehung und dem Verlaufe der toxischen Wirkungen zusammenhängen können, sind vor allem Gründe allgemeinen Charakters anzuführen, welche Beobachtungen entsprungen sind, die den Einfluß von Schädlichkeiten auf den menschlichen Körper überhaupt betreffen.

Diesbezüglich kann insbesondere auf die Tuberkulose hingewiesen werden. Diese Erkrankung wird bekanntlich durch den von Koch entdeckten Tuberkulosebazillus hervorgerufen. Trotzdem hängt die Ausbildung der pathologischen Veränderungen im Tier- oder Menschenkörper nicht ausschließlich von der Qualität (Virulenz) und Quantität des betreffenden Mikroben ab, sondern auch noch von anderen Faktoren, hauptsächlich von der Potenz der Schutzkräfte des Organismus (Empfänglichkeit = Disposition) und von bestimmten äußeren Einflüssen, welche auf den Organismus des von dem erwähnten Mikroben bedrohten Menschen einwirken.

Mit Hinsicht auf den letzterwähnten Faktor kann vor allem auf die Beschäftigung hingewiesen werden. Einen überaus lehrreichen Beleg liefert z. B. das Steinmetzgewerbe, welches, trotzdem in freier Luft gearbeitet wird, eine außerordentliche Verbreitung der Tuberkulose aufweist.[1])

Noch tristere Verhältnisse herrschen bei den Glasschleifern. Erfahrungsgemäß hat sich gezeigt, daß die Glasschleifer in der Regel an Tuberkulose sterben.

Aber nicht nur bestimmte Berufe sondern auch Verhältnisse, welche eine schlechte Ernährung nach sich ziehen, schlechte, ungesunde Wohnungen usw., die Konsequenzen der Entwicklung der sozialen Verhältnisse sind, besitzen gleichfalls einen wichtigen Einfluß auf die Verbreitung der genannten Krankheit in der menschlichen Gesellschaft.

Bezüglich der kausalen Beziehung der erwähnten äußeren Faktoren zum Tuberkulosebazillus resp. zur Ausbildung der krankhaften Veränderungen im menschlichen Organismus ist nur zu erwähnen, daß durch die Einwirkung derselben jene inneren Schutzkräfte untergraben werden, vermittelst welcher sich der Organismus gegen diese Feinde wehrt.

Man könnte noch weitere zahlreiche Beispiele anführen, daß die äußeren Verhältnisse in großem Maße an der Entfaltung der schädlichen Folgen beteiligt sein können. Doch glaube ich, daß das bisher Angeführte genügt, um die Wichtigkeit der Frage, die ich zur wissenschaftlichen Diskussion zu bringen wünsche, im allgemeinen zu begründen.

Ich glaube gewichtige Gründe dafür beibringen zu können, daß Menschen, deren Beruf mit der regelmäßigen

---

[1]) Im Durchschnitt sterben etwa $^4/_5$ der Steinmetze an Tuberkulose.

Ausführung intensiver körperlicher Arbeit außerhalb des Bereiches menschlicher Wohnstätten in freier Atmosphäre verbunden ist, den alkoholischen Störungen, insbesondere aber denjenigen in der Sphäre des Nervensystems, weniger unterliegen. In dieser Richtung hin möchte ich vor allem auf den Offiziersstand verweisen.

Der geistig erkrankte Offizier ist, wie die Erfahrungen der Psychiater lehren, fast stets Paralytiker. Zieht man in Erwägung, daß im Militär- resp. im Offiziersstande das regelmäßige Trinken alkoholischer Getränke, und zwar in beträchtlichen Mengen, bislang als ein fast ebenso unentbehrliches Attribut erscheint wie das Säbeltragen, so muß man davon überrascht sein, daß die spezifischen alkoholischen Nervenstörungen bei den Offizieren eine Seltenheit bilden.

Daß der Einfluß des Alkohols den Ausbruch der Paralyse, deren Ursprung bei Offizieren mit überstandener Syphilis, finanziellen Schwierigkeiten, Zwistigkeiten mit Vorgesetzten, mit dem heimat- und familienlosen, wechselvollen Leben usw. in kausalen Zusammenhang gebracht wird, beschleunigen kann, geht klar daraus hervor, was ich über den fördernden Einfluß des Alkohols auf die Geisteskrankheiten überhaupt oben angeführt habe.

Zu analogen Resultaten kann man gelangen, wenn man die Beobachtungen auf jene Arbeiterklassen ausdehnt, welche, bei landwirtschaftlichen Arbeiten beschäftigt, das ganze Jahr hindurch schwere körperliche Arbeiten, als Ackern, Mähen, Auf- und Abladen von Lasten, Hand- und Maschinendreschen usw., verrichten müssen.

Zur Bekräftigung dieser Behauptung kann ich zwar kein statistisches Zahlenmaterial beibringen, doch hege ich auf Grund meiner umfangreichen Kenntnis der einschlägigen Verhältnisse die Überzeugung, daß die landwirtschaftliche Arbeiterschaft, trotzdem sie reichlich Alkohol, und zwar in seiner gefährlichsten Form, als Schnaps nämlich, genießt, doch verhältnismäßig von den höheren Graden alkoholischer, sowohl somatischer als auch psychischer Störungen verschont bleibt.

Für die eben bezeichneten Erscheinungen kann ich eine angemessene physiologische Erklärung liefern, zu welchem Zwecke ich das Nachfolgende erwähnen möchte:

Ich habe oben mitgeteilt, daß die Stoffwechselstörungen eine von jenen Formen sind, durch welche die schädliche Alkoholwirkung sich kundgibt.

Die bei der Heilung dieser Krankheiten gesammelten Erfahrungen lehren unwiderleglich, daß man sowohl der Ablagerung der Harnsäure in der Nachbarschaft der Gelenke als auch den Anomalien der Fettbildung und Ablagerung durch ausgiebige intensive körperliche Arbeit erfolgreich die Stirne bieten kann. Da jedoch die Alkoholvergiftung bei der Entstehung der erwähnten Störungen einen wichtigen Faktor bildet (Strümpel), und da man die letzteren durch körperliche Arbeit bekämpfen kann, so erscheint die weitere Schlußfolgerung berechtigt, daß nämlich in der körperlichen Arbeit resp. in der erhöhten Potenz der biochemischen, Assimilations- und Dissimilationsvorgänge, welche enge mit dem Potential des Muskelsystems zusammenhängen, der Hebel zu erblicken ist, der den Alkohol bis zu einem gewissen Grade im Körper unschädlich macht und so dessen schädliche Wirkungen auf verschiedene Organe wettmacht.

Zur weiteren Begründung der zitierten Anschauung wäre noch das Folgende anzuführen: Wie oben erwähnt wurde, vermindert der Alkohol die Energie der chemischen Vorgänge, was von einer Verlangsamung des Stoffwechsels sowie von einer Ablenkung des letzteren auf abnormale Bahnen begleitet ist. Von der Muskelarbeit ist jedoch bekannt, daß sie die Intensität der chemischen Prozesse erhöht. Es kann somit angenommen werden, daß die Muskelarbeit, indem sie in die chemischen Vorgänge in entgegengesetztem Sinne als der Alkohol eingreift, bis zu einem gewissen Grade auch diesem Gifte entgegenarbeitet.

Besitzt jedoch — wie eben gezeigt wurde — die Muskelarbeit einen wichtigen Einfluß auf die Ausbildung der durch den Alkohol hervorgerufenen krankhaften Veränderungen, so ergibt sich daraus weiterhin, daß alle jene Schichten der menschlichen Gesellschaft, deren Beruf nicht mit intensiver Muskelarbeit verbunden ist, unter sonst gleichen Verhältnissen einer größeren Gefahr ausgesetzt erscheinen.

In diese Kategorie gehören vor allem die mit der Feder arbeitenden Menschen, bei denen der Schwerpunkt mehr oder minder in der Geistesarbeit liegt; des weiteren jene Arbeiterschichten, bei welchen nur einzelne beschränkte Muskelgruppen einseitig beschäftigt werden. Für alle diese Schichten gilt das Gebot, noch mehr auf der Hut vor dem Alkohol zu sein.

Abhängigkeit der Alkoholwirkung von den klimatischen Verhältnissen.

Als einen schlagenden Beweis für die Abhängigkeit der alkoholischen Veränderungen im Organismus von äußeren Faktoren kann ich weiterhin Tatsachen anführen, die den Einfluß des Klimas betreffen.

In dieser Beziehung genügt es, das Nachfolgende hervorzuheben:

Ungeachtet dessen, daß der Alkoholgenuß überhaupt die Resistenz gegenüber den schädlichen Einflüssen des feuchten Tropenklimas abschwächt, muß speziell auf die suppurative (eitrige) Leberentzündung hingewiesen werden, an welcher besonders die Mannschaften der europäischen Garnisonen außerordentlich leiden. An der Entstehung dieser, im mäßigen Klima äußerst seltenen Erkrankung ist ganz zweifellos der Alkoholgenuß beteiligt.

Abstinenten, europäische Frauen, welche dem allgemeinen Alkoholismus der europäischen Männer nicht unterlegen sind, und Bekenner Mohammeds, denen die Religion den Abstinentismus zur Pflicht macht, pflegen von dieser Krankheit verschont zu bleiben.

Aus dem, was eben über den Einfluß des mäßigen und des feuchten tropischen Klimas angeführt wurde, kann mit großer Wahrscheinlichkeit der weitere Schluß gezogen werden, daß in der kalten Zone, in welcher wegen der leichteren Wärmeabgabe die gleichzeitige Ausführung körperlicher Arbeiten erleichtert ist, der Alkohol für den Menschen weniger gefährlich sein wird wie in den übrigen Zonen.

Hinzufügen möchte ich, daß es mir auch bezüglich des schädlichen Einflusses des Alkohols im feuchten Tropenklima möglich ist, eine angemessene physiologische Erklärung beizubringen.

Zu diesem Zwecke muß ich die experimentelle Studie Rankes »Über die Einwirkung des Tropenklimas auf die Ernährung des Menschen« in den Kreis meiner Betrachtungen ziehen. Aus dieser Arbeit geht hervor, daß das feuchte Tropenklima bei nicht akklimatisierten Menschen eine Verminderung der Dissimilationsvorgänge herbeiführt, welche insbesondere während der ersten Übergangszeit von verschiedenen pathologischen Erscheinungen begleitet wird.

Behalten wir die Resultate der experimentellen Untersuchung Rankes im Auge, so gelangen wir bei Berücksichtigung der obenerwähnten Deduktionen über das Verhältnis der chemischen Prozesse zur Alkoholnoxe zu dem

Schlusse, daß infolge der Herabdrückung der Dissimilationsfähigkeit (bei nichtakklimatisierten Menschen) durch den Einfluß des Tropenklimas gleichzeitig auch der Weg zur leichteren Geltendmachung der Intoxikationswirkungen des Alkohols geöffnet wird.

* * *

Nachdem wir nunmehr die Bedeutung der Faktoren, von denen die Entstehung der pathologischen Veränderungen beim Alkoholgenusse abhängt[1]), kennen gelernt haben, bemerken wir vor allem, daß dieselbe Dosis je nach den körperlichen Eigenschaften des betreffenden Menschen, je nach der Form, in welcher der Alkohol genossen wird, je nach den Lebensverhältnissen des Menschen verschiedene Wirkungen hervorzubringen imstande ist.

Die breiteren Volkskreise, welche außerstande sind, die komplizierten Verhältnisse zwischen dem genossenen Alkohol und den schädlichen Einflüssen richtig abzuschätzen, kommen bei Betrachtung der, besonders größere Mengen Alkohols trinkenden Mitmenschen, in Unkenntnis der erwähnten Beziehungen, leicht zu Schlüssen, welche den neuen an ihr Ohr gelangenden und die Schädlichkeit der geistigen Getränke überhaupt predigenden Richtungen die Wirksamkeit benehmen.

Durch solche Konklusionen verstehen es alle diejenigen, denen der Alkohol zuförderst ein angenehmer, im Laufe der Zeit schwer entbehrlicher, später aber unentbehrlicher Begleiter in Gutem und Bösem geworden ist, der ihnen die notwendige Arbeitslust, die Würze aller Unterhaltung verleiht, die Stimme des wach werdenden Mißtrauens in

---

[1]) Nach Ansicht des Verfassers ist eine ähnliche Abhängigkeit auch in bezug auf die Art der Wohnung und der Ernährung sehr wahrscheinlich.

bezug auf die Richtigkeit ihrer Handlungsweise zu dämpfen und ihr Gewissen zu beruhigen.

Daß Deduktionen dieser Art, welche auf dem Vergleiche der Alkoholdosis begründet sind, auf schwachen Füßen stehen und daher geeignet sind, auf logische Mißwege und zu falschen Schlußfolgerungen zu führen, glaube ich durch die vorangegangenen umfassenden Darlegungen zur Genüge beleuchtet zu haben.

Die Bedeutung der Devise des „mäfsigen Trinkens" für den Schutz des Menschen.

Nachdem wir die Frage der schädlichen Alkoholwirkung in der notwendigen Weise erschöpft haben, wenden wir uns der Besprechung zu, in welcher Weise man sein Verhältnis zu den alkoholischen Getränken regeln sollte.

Für die Lösung dieser Frage besitzen die folgenden Tatsachen eine besondere Wichtigkeit:

1. Der Alkohol setzt, trinke man ihn schon, in welcher Form man wolle, und selbst in der geringsten Dosis, sowohl die körperliche als die intellektuelle Leistungsfähigkeit des Menschen herab.

2. Beim regelmäßigen Genusse alkoholischer Getränke machen sich die Wirkungen der chronischen Vergiftung geltend, deren gefährlichstes und tückischstes Attribut die Gier nach Erneuerung des Genusses bildet, welche sich allmählich steigert und mit wachsender Intoleranz verbindet und so je nach Umständen Schritt für Schritt zu stets gefährlicheren Konsequenzen führen kann.

3. Der Umstand, daß der Grad der krankhaften Veränderungen bei der chronischen Alkoholvergiftung besonders auch von den inneren Eigenschaften des ganzen menschlichen Organismus, für deren Bewertung wir bezüglich der Widerstandsfähigkeit gegen das Alkoholgift kein objektives Kriterium besitzen, abhängt, versetzt den Menschen in ein sehr gefährliches Verhältnis zum Alkohol, von welchem man weder mit Sicherheit feststellen noch voraussehen kann, wie es sich gestalten resp. zu welchem Grade der krankhaften Veränderungen es im gegebenen Falle führen wird.

Sicher ist nur, daß, je größer die Empfänglichkeit des Menschen für die toxischen Wirkungen des Alkohols ist, unter sonst gleichen äußeren Verhältnissen der Weg bis dahin, wo er entweder mit schweren körperlichen Krankheiten oder mit der Deroute der psychischen Funktionen schließt, desto kürzer und abschüssiger ist.

Die Gebote der gewöhnlichen Vorsicht und Nüchternheit führen den Menschen stets zu der schlichten Lebensphilosophie, alles zu vermeiden, was nicht die Gewähr absoluter Unschädlichkeit bietet, was nicht nur keinen Nutzen bringt, sondern auch noch die Quelle von Schädigungen zu werden droht.

Im Sinne dieser schlichten Lebensphilosophie, die in dem eingangs zitierten Beispiele einen schlichten Landmann dem Biere entsagen ließ, sobald er einmal auf Grund der ihm zugänglichen Erkenntnisse den Glauben an die völlige Unschädlichkeit dieses Getränkes verloren hat, wird der Mensch unabwendbar zu der Schlußfolgerung geführt, sich von den alkoholischen Getränken loszumachen.

Bezüglich der starken Alkoholika, besonders des Schnapses, hat sich diese Schlußfolgerung allgemeine Anerkennung erobert, und die Überzeugung von deren Wichtigkeit ist in der geziemenden Weise in alle Schichten der

Gesellschaft gedrungen. Die Richtigkeit derselben erkennen in klaren Augenblicken oft selbst jene armen Opfer dieses Getränkes an, wiewohl es ihnen infolge der psychischen Deroute, der sie durch die Wirkung des Alkohols verfallen sind, an der notwendigen Energie fehlt, die logischen Konsequenzen für sich daraus zu ziehen.[1])

Bezüglich der andern alkoholischen Getränke, besonders des Bieres und des Weines, vermochte jedoch die obenerwähnte Schlußfolgerung nicht in weitere Kreise durchzudringen. Als Hauptursache ist das Folgende anzusehen:

Von der Kindheit an wurde die Menschheit in dem Glauben erzogen, daß der in diesen Getränken enthaltene Alkohol dem Menschen nicht schadet und daß außerdem diese Getränke, besonders das Bier, stärken, ernähren, erwärmen.

Solchermaßen kam es, daß weitere Volksschichten im Bier die Quintessenz nützlicher, unschätzbarer Eigenschaften sehen, die ihnen eine Kraftquelle bei der Arbeit, einen Born des Frohsinns, kurz und gut ein für das Leben unentbehrliches Mittel bieten.

Zur eindringlichen Bekräftigung der obigen, durch Bücher, Zeitschriften, ja selbst durch die Schule verbreiteten Ansicht hat weiterhin auch die Verwendung der alkoholischen Getränke als Heilmittel beigetragen.

Bei Laien, denen es unbekannt ist, ja, die keine Ahnung haben, wie schwer zu entscheiden die Frage ist, ob die in einer Krankheit stattgehabte Wendung mit dem gebotenen Heilmittel ursächlich zusammenhängt, mußte das Verschreiben alkoholischer Getränke ganz natürlich zur Befestigung der erwähnten Lehren führen.

---

[1]) Ich kannte ein solches Opfer, das dem Delirium tremens verfallen und ohne die Kraft, dem Alkohol zu entsagen, um die Familie zu retten, sein Vermögen zugunsten der Frau und der Kinder verschreiben ließ und sich nur einen kleinen monatlichen Betrag ausbedang, welchen es freilich sofort nach Erhalt in Alkoholgenüsse umsetzte.

Desgleichen hat die stärkere Ablagerung von Fett im Körper, die jedoch ihrem Wesen nach das Resultat gewisser krankhafter Änderungen des Stoffwechsels ist (Strümpel), gleichfalls viel zur Überzeugung von der Nützlichkeit des tagtäglichen reichlichen Biergenusses beigetragen.

Es wurde oben der Beweis geliefert, daß das Banner, unter welchem das Bier sich den Weg in alle Schichten der Gesellschaft gebahnt hat, unter dem es nicht nur zu einem normalen sondern auch zu einem höher qualifizierten Bestandteil der menschlichen Nahrung geworden ist, für deren Anschaffung im Hinblick auf den in Aussicht gestellten Nutzen oft eine verhältnismäßig größere Geldquote geopfert wird als auf andere Nahrungsmittel, besonders Brot, Käse, Fleisch, zu Falle gebracht worden ist.

Bei diesem Sachverhalte könnte man erwarten, daß wenigstens jener Teil der Gesellschaft, zu dessen Kenntnis die neuen Errungenschaften gedrungen sind, von einem Produkte, das konterbandenmäßig einen wichtigen Platz in seiner Ernährungsweise sich erobert und regelmäßigen Zutritt zum täglichen Mahle gefunden hat, von diesen Getränken sich abwenden wird.

Unbegreitlicherweise wird jedoch diese so natürliche Schlußfolgerung regelmäßig nicht gezogen.

Dies ist um so verwunderlicher, je öfter man die Menschen aus Gesundheitsrücksichten tief erwägen sieht, ob sie dieses oder jenes tun oder lassen sollen in Dingen, deren Bedeutung weit geringer ist.

Gewöhnlich fällt die Regelung des Verhältnisses zum Alkohol so aus, daß man am besten das Sprichwort: »Man wäscht den Pelz und macht ihn nicht naß«, anwendet.

Die menschliche Gesellschaft, außerstande, den entscheidenden Schritt zu wagen, d. h. dem Alkohol zu entsagen, versucht in der Regel ihr Verhältnis zum Alkohol vermittelst des mäßigen Trinkens zu regeln, worunter der regelmäßige tägliche Genuß solcher Alkoholmengen zu verstehen ist, die jedenfalls für den Menschen ohne schädliche Folgen bleiben würden. Die notwendige Bemessung der diesbezüglichen Dosis soll freilich die medizinische Wissenschaft besorgen.

Daß diese Logik an sich verkehrt ist, erscheint — selbst wenn man auf die Durchführbarkeit der Dosisbemessung, welche den Grundstein bei dieser Art des Schutzes bildet, auf die ich später speziell noch zu sprechen komme, — sicherlich auf den ersten Blick klar.

Begegnet man derselben jedoch trotzdem mit Bezug auf die schwächeren alkoholischen Getränke, besonders auf Bier und Wein, so muß diese Erscheinung sicherlich ihre besonderen Gründe haben, deren Enthüllung, wie ich des genaueren nicht auszuführen brauche, dringend notwendig erscheint.

Eine von den Ursachen muß man vor allem in den chronischen Einwirkungen des Alkohols selbst erblicken.

Wie oben erwähnt, ist das Bedürfnis, die Begierde nach der Erneuerung des Alkoholgenusses, eine der gewichtigsten Folgen des regelmäßigen Alkoholgenusses. Dieses Bedürfnis, welches das erste Anzeichen der Alkoholvergiftung vorstellt, treibt den Menschen fast automatisch dazu, zu bestimmten Zeiten durch eine neue Alkoholdosis bestimmte Nervenzustände, die ihm unentbehrlich geworden, hervorzurufen. Täte er das nicht, so würde er sich nicht wohl fühlen, und tue er, was er wolle, so hat er das Gefühl, daß ihm etwas abgeht.

Ein solcher Mensch greift, da er nicht genug Willenskraft besitzt, um die Gebote der gesunden Logik zu befolgen, lieber zu der Formel »des mäßigen Trinkens«, die ihm gestattet, da die zulässige Alkoholdosis bislang nicht präzisiert worden ist, bei Wahrung eines gewissen Dekorums, d. h. Vermeidung der offensichtlichen, aller Welt offenbaren Zeichen der Betrunkenheit, so viel Bier oder

Wein zu genießen, als er zum Hervorbringen der für sein inneres Wohl notwendigen Nervenzustände bedarf.

Eine andere wichtige Ursache bildet der Konservativismus, dem ein jeder mehr oder weniger unterliegt. Durch seine Einwirkung verlassen die Menschen nur ungern, woran sie sich irgendwie gewöhnt haben; infolge desselben halten sie am liebsten jene Wege ein, die sie bisher gegangen sind und die sie — ihrer Meinung nach — an den verschiedenen Klippen des Lebens glücklich vorüber gebracht haben.

Gegen Neues und besonders gegen das, was nicht von ihnen selbst ausgegangen ist, hegen sie Mißtrauen, öfter sogar leisten sie hartnäckigen Widerstand. Diese Eigenschaften erreichen in extremen Fällen einen solchen Grad, daß man von deren Trägern mit vollem Rechte sagen kann, daß sie zwar nichts vergessen, jedoch auch im Leben nichts gelernt haben und nichts lernen werden.

Es ist jedoch klar, daß der Konservativismus, soll er ein richtiger Regulator einander widerstrebender Theorien und Interessen der menschlichen Gesellschaft bleiben, durch eine gewisse Dosis des Fortschrittlertums aufgefrischt werden muß. Geschieht dies nicht, so führt der Konservativismus auf Abwege. Dies letztere ist auch in der Frage der Regelung des Verhältnisses des Menschen zum Alkohol der Fall.

Eine weitere Ursache, warum der Mensch in der Frage des Schutzes vor den schädlichen Alkoholwirkungen kein Bestreben an den Tag legt, sich dem Einfachsten anzuschließen, bildet der Umstand, daß der in Form der schwächeren Getränke als des Bieres und des Weines genossene Alkohol die Stellung einer festen, eingewurzelten gesellschaftlichen Gewohnheit eingenommen hat.

Besucht jemand ein öffentliches Lokal, ohne ein Glas alkoholisches Getränk zu nehmen, so fällt dies nicht weniger auf, als wenn jemand sich mit dem Hute auf dem Kopfe bei Tische einfinden würde.

Die Vorstellung, daß ein gutes Mittags- oder Nachtmahl in der Familie ohne einen angemessen großen Krug Bier eingenommen werden könnte, ist so fremd, daß das Nichtvorhandensein des Bieres als fühlbarer Mangel empfunden wird und den Eindruck der Armut hervorruft. Je nach der Reichlichkeit des Bieres oder Weines, den sich ein Einzelner oder eine Familie gönnt, wird der Wohlstand beurteilt.

In öffentlichen Lokalen ist die Menge und die Art resp. die Marke des alkoholischen Getränkes, die der Gast wählt, nicht nur für den Gastwirt sondern auch für die übrige Gesellschaft ein Beweis der finanziellen Potenz und, da die letztere jetzt das ganze menschliche Denken beherrscht, auch der Maßstab des Grades und der Erhabenheit jener Person in der Gesellschaft. Die Alkoholika Bier und Wein sind also sogar zu einer Mode geworden, welche ebenso wie die Kleidung dazu dient, uns von dem Nächsten scharf abzuheben, zu unterscheiden, über denselben zu erhöhen.

Dem gesunden Verstande folgen, d. h. dem Alkohol entsagen, heißt somit sich der Mode entgegenstellen, was doch ein fortschrittliches Denken erheischt, das ohne Rücksicht auf die anderen seinen eigenen Weg wandelt.

Daher ist es klar, daß alle diejenigen, welche das letztere nicht besitzen, lieber in halben Maßregeln ihre Zuflucht suchen. Ein willkommenes Hilfsmittel dieser Art finden sie in der Formel des mäßigen Trinkens, deren Grundlage, d. h. die Definition der unschädlichen Dosis, die medizinische Wissenschaft bisher nicht festgesetzt hat.

Die eifrigsten Befürworter findet das »mäßige Trinken« in jenen Kreisen, denen aus bestimmten Gründen die Interessen der Gärungsindustrie am Herzen liegen. Dieselben weisen insbesondere darauf hin, daß diese Industrie die verbreitetste ist und daß durch Untergraben derselben eine der festesten finanziellen Säulen stürzt, an welche die Existenzen ungezählter Arbeiter, Gewerbetreibender, technischer Kräfte etc., die Interessen der Landwirtschaft und der landwirtschaftlichen Arbeiterschaft gebunden sind.

Ohne Rücksicht auf die kulturellen und soziologischen Gründe, die den volkswirtschaftlichen entgegengestellt werden können — in einem späteren Absatze wird der deletäre Einfluß des Alkohols auf die Entwicklung der Gesellschaft genauer zur Diskussion gelangen —, genügt es, dieser Art der Beweisführung das Nachfolgende zu entgegnen:

Bei der Entscheidung des Einzelnen — von welcher eben das zukünftige Schicksal der Gärungsindustrie abhängt — in Fällen, in welchen auf der einen Seite die geistigen und körperlichen Güter desselben, auf der andern aber die materiellen Interessen der mit der Erzeugung und dem Vertriebe alkoholischer Getränke in Verbindung stehenden Kreise stehen, tritt ganz zweifellos der Grundsatz: »Das Hemd liegt mir näher als der Rock« in seine Rechte.

Die Rücksichten auf volkswirtschaftliche Beziehungen treten, sofern der Einzelne mit der Alkoholindustrie nicht in irgendwelcher Beziehung steht, da sie nicht geeignet sind, in objektiver Weise die Entscheidung desselben wesentlich zu beeinflussen, ganz entschieden in den Hintergrund.[1])

---

[1]) Es ist nicht uninteressant, auf das Vorgehen derselben Großindustrie in der Vergangenheit zurückzublicken, die jetzt aus volkswirtschaftlichen Rücksichten einen besonderen Schutz beansprucht. Zauderte z. B. die Spiritusgroßindustrie auch nur einen Augenblick, ehe sie eine Unzahl landwirtschaftlicher Spiritusbrennereien der Vernichtung preisgab, deren Errichtung erst in neuerer Zeit durch eine besondere Regulierung der Spiritussteuer ermöglicht worden ist?

Können somit die Gärungsindustrien resp. ihre Vertreter die Vermutung hegen, daß sich die Einzelnen von einem andern Grundsatze werden führen lassen als von dem Grundsatze des eigenen Vorteils?

Es ist zweifellos, daß sich diese Kreise all dessen, was soeben angeführt wurde, gut bewußt sind.

Der Schwerpunkt der Wirksamkeit der erwähnten Kreise zugunsten des mäßigen Trinkens ist somit darin zu erblicken, daß dem Menschen, der sich am Scheidewege seines Verhältnisses zum Alkohol befindet, eine Ausflucht geboten wird, die seine Beziehungen zum Alkohol freier gestaltet und außerdem den Anstrich erteilt, als ob sie durch gewisse höhere Gemeininteressen begründet wäre.

Was sie unter der Bezeichnung: mäßiges Trinken verstehen, sagen die Verteidiger der Gärungsindustrie nicht. Da jedoch diese Industrie nicht gefährdet werden soll, muß angenommen werden, daß sie die Erhaltung des Status quo wünschen — d. h. die Erhaltung von Verhältnissen, die nicht nur für den Einzelnen sondern in besonderem Maße, wie später dargelegt werden soll, auch für die Gesellschaft eine große Gefahr bergen.

Nachdem klargelegt worden ist, warum die Formel »des mäßigen Trinkens« allseits so freundlich aufgenommen wird, wenden wir uns der Schätzung ihres inneren Inhalts zu.

Den Grundpfeiler bei der Regelung der Beziehungen des Menschen zum Alkohol nach dieser Formel bildet, wie des näheren nachzuweisen unnötig wäre, eine derartige Bemessung der täglichen Dosis, damit der Mensch keinen Schaden erleide.

Erinnert man sich jedoch, daß durch die Einwirkung einzelner, selbst sehr kleiner Mengen ($^1/_2$—$^2/_3$ l) sowohl die intellektuellen als auch die physischen Fähigkeiten für eine gewisse Zeit eine Verschlechterung erleiden, so gelangt man zu dem Schlusse, daß die Formel des mäßigen Trinkens bereits dadurch illusorisch wird, daß sie durch Aufstellung der Forderung der Bemessung einer für den Menschen unschädlichen Dosis etwas praktisch Unmögliches und Unerfüllbares verlangt.

Es könnte jedoch jemand die Meinung hegen, daß ein Mensch, der über große geistige oder körperliche Fonds verfügt, für die Annehmlichkeiten, die der Alkohol bereitet, gerne eine Verminderung der geistigen und körperlichen Leistungsfähigkeit hinnehmen wird, wenn ihm nur die Bemessung der täglichen Dosis Gewähr leistet, daß er im sonstigen gesund und besonders von den Krankheiten des Herzens, der Niere, Gefäße, des Gehirns etc. verschont bleibt und sein Organismus für die Entstehung anderer Krankheiten nicht empfänglicher wird.

Diese Fragestellung bezeugt, daß diejenigen, von denen sie herrührt, keine Ahnung besitzen, wie schwierig es ist, die erwähnte Frage zu beantworten.

Wie oben bewiesen wurde, hängt die Alkoholwirkung nicht nur von der Größe der Dosis sondern insbesondere auch von der Resistenz resp. Empfänglichkeit des Menschen diesem Gift gegenüber und weiterhin von gewissen äußeren Faktoren ab, die mit dem Leben des Menschen verknüpft sind (z. B. der Art des Berufes und klimatischen Einflüssen). Auf den ersten Blick hin ist es klar, daß das Problem der Bemessung einer Dosis, welche die Entstehung der chronischen Intoxikation in jedem Falle ausschließen sollte, durch die Abhängigkeit der Alkoholwirkung von einer solchen Anzahl verschiedener Faktoren außerordentlich kompliziert und in seiner Lösung erschwert wird.

Eine experimentelle Lösung, welche die gründliche Bearbeitung dieser Frage zum Ziele hätte, müßte auf alle jene Variablen, von denen die Alkoholwirkungen abhängen, Rücksicht nehmen. Es versteht sich von selbst, daß die Bedeutung eines jeden Faktors in bezug auf die übrigen Faktoren einer detaillierten Untersuchung unterzogen werden müßte.

Wenn ich die Art des Arrangements derartiger Versuche mit einigen Worten berühren will, so tue ich dies, um die Kreise, welchen Fragen dieser Art fernliegen, mit den unüberwindlichen Hindernissen, die einer solchen Aufgabe den Weg verrammen, näher bekannt zu machen.

Sollte zweckmäßig vorgegangen werden, so müßte offenbar mit dem Studium eines Faktors, z. B. also der verschiedenen Resistenz oder Empfänglichkeit für das Alkoholgift, begonnen werden.

Um die Bedeutung dieses Faktors experimentell festzustellen, müßte man zu den Versuchen Individuen wählen, deren Empfänglichkeit eine Stufenleiter bilden würde, welche mit der geringsten anfinge und mit der größten endigte. Ein jeder Grad dieser Stufenleiter müßte experimentell mit Bezug auf verschiedene Grade der Alkoholdosis durchforscht werden, und zwar vor allem unter der Bedingung, daß die Beziehung zu den äußeren Einflüssen gleichbliebe. Wenn nach Beendigung dieser Versuche die Wirkungen einer Dosis im Verhältnis zur Disposition unter bestimmten gleichbleibenden äußeren Verhältnissen bekannt geworden wären, könnte erst zur Feststellung der Abhängigkeit von den äußeren Einflüssen, Berufs-, Ernährungs-, Klima- und anderen Verhältnissen, geschritten werden.

Ohne Rücksicht darauf, daß man diese Versuche lange Zeit hindurch fortsetzen müßte und daß die zum Versuche gewählten Menschen bestimmte Versuchsbedingungen strenge einzuhalten hätten, worin wiederum die Quelle unberechenbarer Hindernisse liegt, muß jedoch insbesondere hervorgehoben werden, daß wir kein Kriterium besitzen, vermittelst dessen wir den Grad der Empfänglichkeit, dessen Kenntnis den Grundpfeiler derartiger Versuche bildet, mit Sicherheit feststellen könnten.

Die medizinische Wissenschaft hat zwar bis jetzt konstatieren können, daß die Empfänglichkeit für das Alkoholgift verschieden ist, ist jedoch noch nicht so weit fortgeschritten, um aus gewissen äußeren Erkenntnissen den Grad derselben bestimmen zu können. Aus dem Dargelegten geht hervor, daß wir bereits beim ersten Betreten des experimentellen Weges zur Bestimmung der Dosis uns so gründlich versteigen, daß es weder ein Vor- noch ein Rückwärts mehr gibt.

Man könnte die Einwendung machen, daß es für praktische Zwecke vielleicht genügen würde, die Alkoholdosis für die minimale Resistenz, d. h. die maximale Empfänglichkeit, zu bestimmen, da ja das Bekanntwerden derselben den geziemenden Schutz aller nach sich ziehen würde.

Selbst wenn man keine Rücksicht darauf nimmt was diejenigen dazu sagen würden, welche eine größere Resistenz besitzen und doch mit derselben Dosis vorlieb nehmen müßten wie ihre weniger »potenten« Mitmenschen, so ergibt sich doch wieder die Kollision, daß wir in Unkenntnis der Kriterien zur Bestimmung der Empfänglichkeit auch die Personen der minimalen Resistenz resp. der maximalen Empfänglichkeit nicht zu bestimmen vermögen.

Somit ergibt sich, wie ich glaube, aus dem Gesagten zur Genüge, daß die Forderung, die medizinische Wissenschaft möge die Alkoholdosis bestimmen, welche bei täglichem Genusse die Gesundheit des Menschen nicht beeinträchtigen würde, etwas involviert, das man bildlich als Quadratur des Zirkels bezeichnen könnte.

Es kommt freilich vor, daß die Ärzte ihren Klienten auf die Frage, wieviel Bier sie ohne Bedenken täglich trinken dürfen, eine bestimmte Zahl angeben, was den Eindruck hervorruft, als wenn zu dieser Frage die Wissenschaft tatsächlich ihr letztes Wort gesprochen hätte.

Die Ursache ist einfach. Die Ratschläge des Arztes müssen ganz genau, bestimmt sein. Nichts ist so imstande, das Vertrauen zur Kunst desselben zu untergraben, als eine

Unklarheit, Unbestimmtheit, welche der Pflegling in seinen Aussagen oder Anordnungen erhaschen würde.

Es ist klar, daß unter solchen Verhältnissen der Arzt zu den an sich selbst gewonnenen Erfahrungen zurückgreift. Je nachdem, wie er an sich selbst die Schädlichkeit des Alkohols abzuschätzen glaubt, fällt auch der Ratschlag aus. Ein sechs Halbliter täglich trinkender Arzt wird auch seinem Patienten mehr vergönnen als ein Arzt, der nur zwei Halbliter zu sich nimmt.

Würde der Klient, dem sein Arzt gestattet hat, ein bestimmtes Quantum zu trinken, noch andere Ärzte befragt haben, so würde er zu seiner Verwunderung erfahren haben, daß ihm andere nicht die gleiche, sondern eine wesentlich verschiedene Dosis erlaubt hätten.

Aus dem Angeführten geht hervor, daß die den breiteren Volksschichten als Richtmaß hingestellte Dosis, nach der sie sich richten sollen, nichts anderes ist als Schätzung, die nur für einzelne Individuen Geltung haben und außerdem noch den großen Fehler besitzen, daß sie nur den Zeitpunkt der Abschätzung berücksichtigen, nicht aber das, was nach der Abschätzung erfolgen kann. Bei chronischen Vergiftungen, bei welchen es sich, wie oben dargelegt wurde, um eine Summation der Wirkungen handelt, kann jedoch niemals, selbst wenn sich das Individuum wohl fühlt, vorausgesehen werden, was sich in der ferneren Zukunft zutragen wird und ob nicht eines Tages die Symptome einer schweren Erkrankung mit einem Male auftreten werden.

Des weiteren muß jedoch angeführt werden, daß — selbst wenn es tatsächlich möglich wäre, eine tägliche unschädliche Alkoholdosis zu bestimmen, welche der Konstitution des Menschen, dessen Beruf, Ernährungsweise, klimatischen Verhältnissen etc. entsprechen würde — der Erfolg doch nur von der Einhaltung dieser Dosis abhängen wird. Wir haben aber gehört, daß sich bei regelmäßigem Alkoholgenuß die Begierde nach der Erneuerung des Genusses vergrößert und um so mehr wächst, je zugänglicher das Nervensystem des Menschen für die schädlichen Einwirkungen des Alkohols ist.

Das wachsende Begehren nach dem Alkohol wird somit je nach Umständen das Verhältnis zwischen dem Willen und den Taten bedenklich stören.

Je schwächer der Wille und die Energie des Einzelnen bereits a priori sein werden, desto leichter unterliegt derselbe den mit dem täglichen regelmäßigen Alkoholgenuß zusammenhängenden Verführungen.

Aus dem Vorausgeschickten geht, wie ich glaube, mit genügender Klarheit hervor, daß man in dem sog. mäßigen Alkoholgenuß, dessen Schwerpunkt in der richtigen Bemessung und Einhaltung der täglichen Dosis liegt und welcher denjenigen, deren Leben mit dem Alkohol enger verknüpft ist, so wünschenswert erscheint, keinen sicheren Schutz gegen die schädlichen Alkoholwirkungen erblicken kann.

Es bleibt somit demjenigen, dem es ernst darum zu tun ist, sein Verhältnis zum Alkohol in richtiger Weise zu regeln, nichts anderes übrig, als zu dem einfachsten und nächstliegenden Mittel zu greifen, d. h. dem Alkohol zu entsagen.

Der fakultative Abstinentismus.

Nunmehr tritt die Aufgabe an uns heran, genauer darzulegen, in welcher Weise die notwendige Lossagung vom Alkohol bewerkstelligt werden muß, um den schädlichen Wirkungen des Alkohols in wirksamer Weise zu begegnen.

Diesbezüglich will ich bereits vorhinein betonen, daß ich die Formel, in welche das Lossagen vom Alkohol bis jetzt eingezwängt worden ist, weder im Hinblick auf die sachlichen Gründe noch mit Rücksicht auf die Zweckmäßigkeit bezüglich des Kampfes gegen die Alkoholgetränke für richtig und korrekt halte.

Meiner Ansicht nach muß, wie ich im nachfolgenden werde Gelegenheit haben, des näheren zu zeigen, bei der Regelung der Lossagung vom Alkohol die Frage des Schutzes des Einzelnen von der Frage des Kampfes gegen die Erscheinungen, welche die Unterjochung der menschlichen Gesellschaft durch den Alkohol bewirkt haben und diesem zu immer weiterer Verbreitung verhelfen, wodurch die verheerende Wirkung des Alkoholgiftes auf die Entwicklung der menschlichen Gesellschaft desto eindringlicher wird, unterschieden werden.

Die erwähnten Standpunkte wurden bis jetzt in der behandelten Frage nicht gehörig auseinandergehalten, wodurch man zu nicht ganz richtigen Konsequenzen und Schlußfolgerungen gedrängt wurde.

Und doch tut die Präzision der Deduktion und die objektive, nicht über das Ziel hinausschießende Fassung der Schlußfolgerungen gerade in der Alkoholismusfrage um so mehr not, als jede Schwäche oder Unrichtigkeit, die mitunterlaufen würde, den Erfolg des antialkoholistischen Kampfes außerordentlich zu gefährden vermag.

Trotzdem es auf auf den ersten Blick den Anschein erwecken könnte, daß sich die vom Verfasser unterschiedenen Standpunkte decken, somit auch die prophylaktischen Vorkehrungen einen konformen Charakter besitzen müssen, so ist dies, wie ich sofort darlegen werde, trotzdem nicht der Fall.

Bezüglich des Schutzes des Einzelnen muß auf das Nachstehende aufmerksam gemacht werden:

Die Erfahrungen über die anorganischen und organischen Gifte lehren, daß Mengen, welche bei regelmäßigem, täglich wiederholtem Eindringen in den Organismus befähigt sind, eine chronische Vergiftung herbeizuführen, dieselbe nicht bewirken, wenn ihre Einfuhr von Zeit zu Zeit unterbrochen wird, wenn die einzelnen Dosen durch irgendwelche Zeitintervalle getrennt werden. Wird dem Organismus eine angemessene Zeit vergönnt, damit das durch den Einfluß eines Giftes gewissermaßen aus seinem funktionellen Gleichgewicht gebrachte Organ dasselbe wieder erlangen kann, so wird dadurch der in Form einer chronischen Vergiftung drohenden Gefahr die Spitze abgebrochen.

Ein hervorragendes Beispiel hierfür bilden die chronischen Vergiftungen durch anorganische Gifte, besonders das Blei.

Beginnen sich bei irgendeinem Arbeiter Zeichen (Prodromalsymptome) zu zeigen, daß sein Organismus gegen das Eindringen des Bleies nicht genügend widerstandsfähig bleibt, so bildet die rechtzeitige Unterbrechung der Gifteinfuhr, d. h. die Entfernung des Betreffenden von der mit der erwähnten Gefahr verbundenen Arbeit, eines der wichtigsten prophylaktischen Mittel.

Bei industriellen Unternehmungen, in denen die Arbeitskräfte von der chronischen Bleivergiftung bedroht sind und die zugleich Abteilungen besitzen, welche von dieser Gefahr frei sind, gilt es als wichtiges Schutzmittel, die Arbeiter bei der Arbeit abzuwechseln und dieselben, nachdem sie eine bestimmte Zeit in dem bleigefährlichen Abteile gearbeitet haben, einem anderen, ungefährlichen zuzuteilen. Doch nicht nur dies — es ist möglich, in Fällen, in denen die Vergiftung bereits in irgendwelcher schweren Form zum Durchbruch gekommen ist, durch Entfernung von dem durch Bleivergiftung drohenden Berufe die Erkrankung wieder zur Heilung zu bringen.

Ähnliche Beobachtungen können bezüglich des Morphiums angeführt werden. Durch regelmäßige, länger andauernde Wiederholung des Genusses selbst sehr geringer Mengen Morphiums entsteht der Morphinismus. Derselbe bleibt aber aus, wenn die Dosen durch geziemende Zeitpausen getrennt sind. Durch Entziehung des Morphiums kann sogar der schon entstandene Morphinismus geheilt werden.

Ähnlich verhält es sich auch mit dem Alkohol. Nicht in den einzelnen Dosen, sondern in der regelmäßigen, ununterbrochenen Wiederholung derselben muß die Wurzel des Übels gesucht werden. Den schlagendsten Beweis bildet die Heilung des Alkoholismus selbst. Die letztere kann am besten durch erzwungene Losmachung vom Alkohol erzielt werden. Die Ruhe, welche den Nervenorganen dadurch geboten wird, daß man neue Erschütterungen durch den Alkoholgenuß verhindert, führt selbst sehr schwere Formen des Alkoholismus der Heilung zu.[1])

Insofern es sich also um den Schutz der Einzelnen gegen die schädlichen Wirkungen des Alkohols handelt, erscheint es nicht als unabweisbare Forderung, daß dieselben überhaupt mit dem erwähnten Gifte nicht in Beziehung kommen, gerade so wie dies bei dem Morphium und Morphinismus nicht der Fall ist.

Der Schwerpunkt der zur Erreichung des angedeuteten Zieles führenden Bestrebungen muß in dem Lossagen von dem regelmäßigen täglichen Alkoholgenusse erblickt werden, welche Art der Lossagung ich als fakultativen Abstinentismus bezeichnen möchte.

Der strenge Abstinentismus, der auf völligem Lossagen von den alkoholischen Getränken, d. h. auf absoluter Entsagung, beruht, der bisher ausschließlich (wenn man den überwundenen Standpunkt des »mäßigen Trinkens« nicht berücksichtigt) bei dem antialkoholistischen Kampf ins Treffen geführt wurde, führt zwar zum Ziele, ist jedoch nicht bedingungslos notwendig.

---

[1]) Der neuerliche Alkoholgenuß führt den ausgeheilten Alkoholismus wieder herbei.

Ich schreite nunmehr zur genaueren Definition der fakultativen Alkoholabstinenz als Schutzmittel des Einzelnen gegen die chronische Alkoholvergiftung.

Diese Definition berührt in intensiver Weise die herrschenden Ansichten über die Eigenschaften einer schlichten, einfachen Kost des mäßigen Menschen. Den Grundpfeiler der mäßigen Lebensweise bildet eine derartige Aufnahme von Nahrungsmitteln, daß sie durchschnittlich zur Deckung der im Körper verbrauchten Stoffe genügt.

Dieses Ziel wird in der Praxis am leichtesten und sichersten durch einfache Zubereitung der Nährstoffe erreicht.

Die schlichte, einfache Kost ist der wichtigste Regulator der Mäßigkeit und eines der besten Schutzmittel gegen die Folgen der Unmäßigkeit.

Je mannigfaltiger die Kost eines Menschen ist, desto leichter und in desto größerem Maße kommt er zu Abweichungen von der Regel, daß dem Körper so viel gegeben werde, als zur Ersetzung der verbrauchten Kräfte nötig ist.

Es muß jedoch gleichzeitig hervorgehoben werden, daß auch die mäßige, d. h. dem Zwecke der Gleichgewichtserhaltung der Kräfte entsprechende Lebensweise nicht zeitweilig ein reichlicheres, mannigfaltigeres Mahl ausschließt, das auf diese Weise die Würze bildet, welche das leichtere Ertragen der Einförmigkeit ermöglicht, die eine Folge der einfachen Zubereitung der Nahrung ist.

Eventuell kann eine derartige zeitweilig erhöhte Zufuhr von Nährstoffen eine geeignete Reserve (in Form abgelagerten Fettes) für eine Zeit intensiverer körperlicher Leistungen bilden, in der sich der Verbrauch der Stoffe höher stellt als ihre Zufuhr.

Beobachtet man das Gebahren der menschlichen Gesellschaft bezüglich der Nahrungsaufnahme, so bemerkt man, daß insbesondere die Kost der niedrigeren und mittleren Volksschichten in der Regel so schlicht ist, daß dieselbe den Grundsätzen der Mäßigkeit entspricht.

Man findet, daß in dieser Beziehung, sei es nun durch Veranlassung welcher Ursachen auch immer, tatsächlich eine große Lossagung des Menschen von den körperlichen Genüssen stattgefunden hat. Das Aufsuchen von diesbezüglichen Genüssen, die in ihren Konsequenzen den Menschen mit schweren Krankheiten bedrohen, ist eine in den niederen Gesellschaftsschichten seltene Erscheinung.

Eine charakteristische, jedoch auch betrübende Erscheinung bildet der Umstand, daß sich der Alkohol in Bier- (oder auch Wein-)Form regelmäßigen täglichen Zutritt selbst in die schlichte, einfache Kost unserer Mittelstands- und Arbeiterfamilien zu verschaffen und daselbst nicht nur eine feste sondern im Vergleich zu anderen Nahrungsstoffen, besonders zum Brot, sogar wichtigere Stellung zu erlangen vermochte.

Soll aber der Einzelne vor der Gefahr des Alkoholismus vollkommen sicher sein, so ist es unbedingt notwendig, ihn zu der Überzeugung zu bringen, daß, wenn es notwendig ist, sich von den Genüssen, die gute und zahlreiche Speisen bereiten, loszusagen, dies um so mehr noch für die alkoholischen Getränke gilt; es ist notwendig, es dahin zu bringen, daß die letzteren zu dem einfachen, schlichten Tische nicht gehören.

Wird die regelmäßige Kost des Menschen bezüglich ihres Verhältnisses zum Alkohol in dieser Weise geregelt und wünscht der Mensch einmal die Eintönigkeit seiner Speisekarte zu beleben, indem er sich zeitweilig ein besseres, reichlicheres Mahl vergönnt und zur Vervollständigung desselben sich in mäßiger Weise (unter Vermeidung der berauschenden Wirkung) an einem Glas Wein oder Bier labt, so kann gegen ein solches Vorgehen in hygienischer Beziehung nichts eingewendet werden.

Ein bedeutsames Moment bei dieser Regelung des Verhältnisses des Menschen zum Alkohol, bei welcher der letztere nur ausnahmsweise mit dem menschlichen Organismus in Berührung tritt, ist auch darin zu erblicken, daß dabei die Empfindlichkeit gegen die berauschenden Wirkungen des Alkohols gewahrt bleibt. Dadurch behält auch der Mensch einen Maßstab, der ihm rechtzeitig die Wirkungen des Alkohols in Erinnerung bringt.

Nachdem ich die fakultative Alkoholabstinenz in der für den Schutz des Einzelnen notwendig erscheinenden Form definiert habe, halte ich es für geeignet, noch die folgende Bemerkung hinzuzufügen: Jede Forderung, die geeignet sein soll, sich den Weg in die Praxis zu bahnen, muß vor allem auch theoretisch durch Anlehnung an die bisher festgestellten Tatsachen voll begründet sein. Fordert man mehr, als begründet werden kann, wie es ja auch heute geschieht, wenn zum Schutze des Einzelnen der strenge Abstinentismus zum Postulat erhoben wird, so erscheint ein derartiges Vorgehen, das wissenschaftlich nicht in genügender Weise begründet werden kann, nur geeignet, auf die Anerkennung und Verbreitung der antialkoholistischen Grundsätze in ungünstiger, schädlicher Weise einzuwirken.

Diese Wirkungen und Einflüsse machen sich besonders bei der Gründung antialkoholistischer Vereine geltend. Auf Grund der Formel des mäßigen Trinkens können, wie oben klar bewiesen wurde, derartige Vereine nicht gegründet werden. Denn man könnte mit Recht den Vorwurf gegen sie erheben, daß sie auf der genannten Grundlage eigentlich zu Institutionen werden, welche die Ausbreitung des Alkoholismus fördern.

Die Tätigkeit und Wirksamkeit der auf Grund der strengen Alkoholabstinenz begründeten Vereine, bei denen das Versprechen, alkoholische Getränke unter keinen Umständen zu sich zu nehmen, die Aufnahmebedingung bildet, stößt jedoch auf viele Hindernisse. Denn selbst wenn der Einzelne den besten Willen zeigt, kann die Einhaltung des erwähnten Gelübdes im praktischen Leben mit vielen Hindernissen zu kämpfen haben, ein Umstand, welcher der Vermehrung der Mitgliederzahl und somit auch der Verbreitung der antialkoholistischen Grundsätze sehr im Wege steht.

Da aber zum Schutz des Einzelnen der strenge Abstinentismus nicht unbedingt notwendig ist, wozu soll derselbe zur Forderung gemacht werden? Der Eintritt von Mitgliedern in ähnliche Vereine und das Vordringen der zitierten Bestrebungen in weitere Kreise der menschlichen Gesellschaft kann dadurch erleichtert werden.

Im böhmischen Landesverbande gegen den Alkoholismus wurde bezüglich des von den eintretenden Mitgliedern abzulegenden Gelübdes auf Antrag des Verfassers der fakultative Abstinentismus zum Prinzip erhoben. Dasselbe wurde nach reifer Erwägung und regem Meinungsaustausche der Ausschußmitglieder in der folgenden Weise formuliert: Mitglied kann jede Person sein, welche für die humanitären Zwecke des Vereins, besonders gegen den Genuß der alkoholischen Getränke überhaupt zu arbeiten willens ist. Der Verein fordert zwar von den eintretenden Mitgliedern nicht das Gelübde der völligen Enthaltsamkeit (Abstinenz), setzt jedoch voraus, daß die Mitglieder so viel moralische Kraft und Pflichtgefühl besitzen werden, um die Entsagung des regelmäßigen Genusses alkoholischer Getränke anzustreben um allmählich bis zur völligen Abstinenz zu gelangen.[1])

---

[1]) Die Begründung dieses zweiten Teiles ergibt sich aus den weiter nachfolgenden Darlegungen.

Der strenge Abstinentismus.

Nachdem wir den Schutz des Einzelnen besprochen haben, wenden wir uns nunmehr der Besprechung der Frage des Abstinentismus als Mittel zum Kampf gegen die deletären Wirkungen des Alkohols auf die menschliche Gesellschaft zu.

In dieser Beziehung erscheint namentlich die Erkenntnis, daß sich der Einfluß des Alkohols nicht auf die Einzelnen, die ihm unterlegen sind, beschränkt, sondern auch deren Nachkommen hart trifft, von schwerwiegender Bedeutung.

Zahlreiche Autoren, welche sich mit dem Studium dieser Frage befaßt haben, gelangten zu der Schlußfolgerung, daß der Einfluß des Alkohols auf die Nachkommenschaft, der sich in degenerativen Veränderungen von sowohl somatischen als auch psychischen[1]) Funktionen dienenden Organen äußert, ungemein verderblich ist.

Aus der einschlägigen Literatur möchte ich nur die nachstehenden Beobachtungen anführen:

Rösche fand, daß von 97 Kindern von Trinkern, die er zum Gegenstande seines Studiums machte, nur 14 normal waren, während die übrigen 83 entweder vorzeitig an Tuberkulose, Skrophulose, Gehirnhautentzündung, Lungenkrankheiten zugrunde gegangen oder zu nervösen, schwachsinnigen, blöden Menschen geworden sind.

---

[1]) Charakteristisch erscheint, daß selbst in der Volksmeinung der verderbliche Einfluß des Alkohols auf die Nachkommenschaft in manchen Gegenden geahnt wird. In der Schweiz sagt man zu Menschen, die man dumm heißen will: »Du bist ein Vierundsechziger«. Dies bedeutet, daß er in einem Jahre geboren wurde, das auf eine gute Weinernte folgte. — »Schlechte Klassen« werden von den Lehrern Niederösterreichs mit guter Weinernte in ursächlichen Zusammenhang gebracht.

Demme hat gezeigt, daß von 57 Kindern aus zehn Trinkerfamilien nur 17,5 % normal waren, während 61 Kinder aus 10 mäßigen Familien 81,9 % normale ergaben.

Sullivan, der ein umfangreiches Material, 120 Mütter-Alkoholistinnen mit 600 Kindern, studiert hat, kam zu dem Resultat, daß die Sterblichkeit der Kinder derselben 2½ mal so groß war wie bei mäßigen Müttern.

Sehr lehrreich und überzeugend sind die Versuche, welche zur Klarstellung dieser Frage in neuerer Zeit an Tieren angestellt worden sind. Aus der einschlägigen Literatur sei das Nachfolgende angeführt: Laitinen hat festgestellt, daß von 88 Jungen, welche von 14 Kaninchen abstammen, denen Alkohol gereicht wurde, 54 bald nach dem Wurfe verendet oder tot zur Welt gekommen sind; nur 34 erwiesen sich als lebensfähig.

Die 5 Kontrollkaninchen, welche keinen Alkohol bekamen, warfen 26 Junge, von denen bloß 6 (23 %) zugrunde gegangen sind, während die übrigen 20 (77 %) am Leben blieben. Die benutzten Alkoholmengen waren, wie der zitierte Autor anführt, klein.

Mairet und Combale ließen eine gesunde Hündin von einem Hund belegen, dem Absinth gereicht wurde. Von 12 Jungen waren 2 tot geboren, 1 ging aus zufälliger Ursache zugrunde, 2 verendeten an Lungenentzündung, die übrigen 7 binnen 67 Tagen an Krämpfen, Tuberkulose usw.

Unter die Degenerationserscheinungen des Nervensystems rechnen die Autoren, welche sich mit dem Studium einschlägiger Fragen beschäftigt haben, den Schwachsinn, Blödsinn, die Epilepsie, Geisteskrankheiten, Verbrechertum, Alkoholismus.

Aus dem Umstande, daß der Alkoholismus zu den Degenerationserscheinungen gehört, kann erklärt werden, wie es kommt, daß sich die Neigung zur Trunksucht vom Vater oder von der Mutter auf die Nachkommenschaft vererbt. Solchermaßen wird es begreiflich, daß die Mehrzahl der Alkoholiker diese Eigenschaft der Trunksucht der Eltern verdankt. Grigoriew konnte diese Erblichkeit in 51 %, Norman Kerr, der sich auf Beobachtung von 1600 Patienten seiner Privatpraxis stützt, in 50 %, Baer, dem ein Material von 8306 Trinkern aus den preußischen und von 1503 Trinkern aus den bayerischen Strafanstalten zur Verfügung stand, in 22,5 resp. in 34,6 % nachweisen.

In dem Umstande, daß die Trunksucht als Ausdruck der Degeneration von den Eltern auf die Kinder übergeht, muß freilich eine um so größere Gefahr erblickt werden. Solcherweise wird der Alkoholismus in der Nachkommenschaft zur Auferstehung gebracht, und die Wirkungen desselben verbreiten sich, einer Feuersbrunst gleich, mit stets vehementerer Intensität.

Vieles spricht dafür, daß zu den vom Alkohol bedingten Degenerationserscheinungen auch die Tatsache gerechnet werden muß, daß die Fähigkeit der Mütter, ihre Kinder selbst zu stillen, sich im Rückgang befindet.

Auf diese Frage wurde die Aufmerksamkeit durch die Arbeiten Bunges gerichtet, in welchen ein Material gesammelt erscheint, das den erwähnten Zusammenhang sehr wahrscheinlich macht.

Eine Folge der zurückgehenden Fähigkeit zum Stillen ist die künstliche Ernährung der Säuglinge, die in den zivilisierten Ländern jährlich Hunderttausende von Kindern zugrunde richtet.

Von außerordentlicher Wichtigkeit für die menschliche Gesellschaft ist die Beziehung des Alkohols zu den Verbrechen. Es wäre überflüssig, hierfür besondere Belege anzuführen, da jedem selbst weniger Eingeweihten tagtäglich in der Praxis solche Fälle vor die Augen kommen.

Zweckmäßig erscheint es jedoch, einige zahlenmäßige Belege anzuführen, welche die Verbreitung dieser Beziehung illustrieren.

Aschaffenburg berechnet, daß in Deutschland infolge der auf Grund schwerer, mit der Trunkenheit in Zusammenhang stehender Verletzungen entstehenden Erkrankungen durchschnittlich 98958 Tage verloren gehen, was einem Arbeitsverlust von 275 Jahren entspricht.

Kraepelin hat auf Grund journalistischer Berichte konstatiert, daß im Heidelberger Kreise mit 650000 Bewohnern infolge der Alkoholwirkung in einem einzigen Jahre 21 Personen einen gewaltsamen Tod erlitten und 54 Menschen schwer verletzt wurden.

Außer den kriminellen Folgen, welche entweder den berauschenden Wirkungen des Alkohols oder der infolge der chronischen Vergiftung zustande gekommenen Wandlung der moralischen Eigenschaften entsprießen, fallen die Degenerationserscheinungen erblichen Charakters in die Wagschale, die im Verbrechertum ihren Ausdruck finden.

Zur Illustration möchte ich nur dieses in Erinnerung bringen: In Newyork wurde wenigstens bei einem der Eltern von 6500 jugendlichen Verbrechern der Alkoholismus in 38 % mit Sicherheit festgestellt.

Tarnowská hat diese Frage an 100 Diebinnen und 150 Prostituierten studiert und kam zu dem Resultate, daß 60 % der Eltern derselben dem Alkoholismus ergeben waren.

In der Kinderbesserungsanstalt der Stadt Chicago hatten im Jahre 1880 von 284 Kindern 147 dem Trunke ergebene Eltern. In 205 Fällen war der Vater Alkoholiker. In 8 ähnlichen Schweizer Anstalten waren 45 % Knaben und 50 % Mädchen Nachkommen von Trinkern.

Nach der Schätzung Krohnes stehen 70 % aller Verbrechen und Übertretungen in fernerem oder näherem Zusammenhange mit dem Alkohol.

Kurella hat auf das starke Anwachsen jugendlicher Verbrecher aufmerksam gemacht, das in neuerer Zeit beobachtet wird und demgegenüber die jetzigen Strafmittel machtlos sind. Es ist gewiß die Meinung nicht unbegründet, daß diese Erscheinung mit dem Alkoholismus der Eltern zusammenhängt.

Theophil Roussel gab der Überzeugung Ausdruck, daß der Alkohol die Hauptursache der Demoralisation der Menschheit bildet.

Einen interessanten Beitrag über die demoralisierende Wirkung des Alkohols liefert der Bericht Dugdales über die amerikanische Familie Jukes. Der Autor beobachtete im Jahre 1874 in den Staatsgefängnissen Newyorks sechs Sträflinge, die miteinander verwandt waren. Dieser Umstand spornte ihn an, dem Stammbaum oben genannter Familie genau nachzugehen.

Der Urahn derselben war ein Jäger und Fischer holländischen Ursprungs, ein großer Trunkenbold. Einer von seinen Söhnen war zweimal verheiratet mit den Schwestern »Jukes'«. Von der Nachkommenschaft dieser Schwestern, die sich bis in die 7. Generation auf 709 Mitglieder belief, waren 174 Prostituierte[1]), 18 Bordellinhaber, 77 Verbrecher (von denen 12 Mörder waren); 142 waren unfähig, ihre Bedürfnisse selbst zu bestreiten, so daß ihre Mitbürger genötigt waren, sie zum Teil zu versorgen; 64 von ihnen wurden an ihrem Lebensende in Siechenhäuser aufgenommen, 85 waren mit Syphilis oder mit Degenerationserkrankungen (Geisteskrankheiten, Epilepsie, Blindheit usw.) behaftet, 48 der letzteren genossen öffentliche Unterstützungen. Diese degenerierte Familie, deren größten Teil Alkoholiker gebildet haben, hat nach den Berechnungen Dugdales den Staat und die Gemeinden $1^1/_4$ Mill. Dollar gekostet.

Von großer Bedeutung wird der Alkoholismus für die menschliche Gesellschaft weiterhin durch den Umstand, daß

---

[1]) Von den weiblichen Mitgliedern dieser Familie gehörten in einzelnen Generationen 40—70% der Prostitution an.

er das geordnete Familienleben vernichtet. Die bedauernswertesten Opfer der vom Alkohol hervorgerufenen Familienzerwürfnisse sind die Kinder. Die Abstumpfung des elterlichen Pflichtgefühls, der hinzutretende Mangel an Geldmitteln bilden die Ursache, daß den Kindern nicht die notwendige Pflege zuteil wird, so daß sowohl die körperliche als auch die geistige Erziehung derselben verfällt. Ist ein solches Kind auch noch gleichzeitig von degenerativen Veränderungen auf Grund der Erblichkeit betroffen, so stellt sich die schließliche Deroute um so eher ein.

Sehr wichtig ist für die richtige Beurteilung der Bedeutung der alkoholischen Getränke für die Gesellschaft die Kenntnis des Konsums derselben.

Diesbezüglich ist vor allem zu bemerken, daß die meisten mitteleuropäischen Staaten ungefähr denselben Alkoholkonsum aufweisen; man kann denselben ungefähr auf 10,5 l[1]) absoluten Alkohols pro Person und Jahr (während des letzten Jahrzehnts des 19. Jahrhunderts) schätzen.

Am meisten alkoholisiert erscheinen Frankreich und Belgien mit 16 l resp. 13,4 l absoluten Alkohols pro Person jährlich. Den geringsten Alkoholkonsum weisen Norwegen und Schweden mit 3,3 resp. 5,4 l, weiterhin die Vereinigten Staaten von Nordamerika mit 6,7 l auf. Österreich und Deutschland stehen mit 9,5 resp. 11,2 l absoluten Alkohols in der Mitte. Bayern stünde, selbständig gerechnet, mit 13,9 l auf der zweiten Stelle.

Bezüglich der Beteiligung der hauptsächlichsten alkoholischen Getränke an dieser Durchschnittszahl ist hervorzuheben:

In Frankreich fällt der Hauptanteil am Alkoholkonsume dem Weine zu. Schnaps und Bier sind mit verhältnismäßig weit geringerem Anteile beteiligt.

---

[1]) Diese Menge entspricht 52,2 l Schnaps mit 20% Alkohol.

Auch in der Schweiz, in England und Belgien tritt der Anteil des Schnapses zurück (in der Schweiz wird viel Wein, in England und Belgien viel Bier getrunken). In Deutschland fällt auf das Bier und den Schnaps ungefähr die gleiche Quote aus. In Österreich-Ungarn tritt der Schnaps im Vergleich zum Bier in den Vordergrund.

Noch wichtiger als der absolute Konsum ist für das Studium des Alkoholismus die allgemeine Gestaltung, der Gang der Alkoholkonsumtion in der letzt verlaufenen Zeit.

In Frankreich, das ursprünglich zu den mäßigsten Ländern gehörte, ist der Verbrauch von Wein und Bier im Laufe der letzten 40 Jahre auf das Doppelte gestiegen; der Schnapsverbrauch stieg sogar auf das Vierfache.

In Belgien kann sowohl bezüglich des Bieres wie des Schnapses ein deutlicher Anstieg beobachtet werden. In Deutschland hält sich der Schnaps auf derselben Höhe, das Bier aber steigt bedeutend.

Auch in England bleibt der Verbrauch des Schnapses ungefähr auf derselben Höhe, derjenige des Bieres stieg jedoch in den letzten 40 Jahren um etwa ein Drittel. In Österreich-Ungarn weisen sowohl Bier wie Schnaps einen Anstieg auf.

In Böhmen stieg vom Jahre 1881—1898 der Bierkonsum von 50 l auf 145 l pro Person und Jahr.

In den Vereinigten Staaten wurde bis zum Jahre 1880 ein auffallendes Sinken der Alkoholzahl beobachtet, was der antialkoholistischen Kampagne zuzuschreiben ist. Seitdem hält sich der Schnaps so ziemlich auf der gleichen Höhe, während der Bierkonsum auffallend ansteigt.

In Schweden und Norwegen zeigt der Alkoholkonsum etwa seit dem Jahre 1830 einen rapiden Niedergang. Diese Erscheinung steht mit dem energischen Kampf gegen die Alkoholpest, der in diesen Ländern aufgenommen und von ausgezeichneten Erfolgen begleitet wurde, in Zusammenhang.

Trotzdem muß jedoch konstatiert werden, daß sich etwa seit den siebziger Jahren das Bier auch in den skandinavischen Ländern auszubreiten beginnt und einen deutlichen Konsumanstieg ausweist.

Der Aufschwung des Konsums der alkoholischen Getränke zeigt sich nach außen in dem Übergang von der Klein- zur Großindustrie. An die Stelle der früheren kleinen Brauereien sind Großetablissements getreten, von denen manche geradezu riesige Dimensionen angenommen haben. Ähnliche Wandlungen haben sich auch in der Spiritusindustrie vollzogen.

Die ursprünglichen Spiritusbrennereien sind verschwunden; an ihre Stelle traten Spiritusgroßbetriebe, welche den Alkohol aus Melasse bereiten. Neuerdings treten diesen Großetablissements auch noch landwirtschaftliche Spiritusfabriken zur Seite, deren Existenz durch Steuerbegünstigungen ermöglicht wird.

Aus dem Angeführten geht hervor, daß für den Einzelnen charakteristische Erscheinungen sich in dem von der Anwohnerschaft ganzer großer Länder gebildeten Komplexe wiederholten. Bei dem Einzelnen führt die Alkoholisierung des Organismus konsequent zur Vergrößerung des Alkoholgenusses. In der Gesellschaft gewinnt das Übel an Dimensionen, indem es einer Infektion gleich auf weitere bisher nicht berührte Schichten übergreift.

Ein sehr belehrendes Supplement zu den Tatsachen des Konsums der alkoholischen Getränke bildet die Höhe der Ausgaben, welche auf die alkoholischen Getränke entfallen. In dieser Hinsicht erscheint es zweckmäßig, die Angaben der neuen deutschen, auf die Jahre 1899—1903 Bezug habenden Statistik zu benützen.

Im Durchschnitt wurden in Deutschland 2826 Mill. M. jährlich für alkoholische Getränke verausgabt. Auf eine Person entfielen beim Schnaps 4,26 M., beim Wein 5,82, beim Bier 37,02 M. Die Jahresausgabe eines erwachsenen Mannes für Alkoholika bezifferte sich auf 157 M.

In Frankreich und Belgien, wo der Verbrauch alkoholischer Getränke größer ist als in Deutschland, sind die Verhältnisse der Ausgaben für diese Getränke noch ungünstiger. Bezüglich Österreichs werden die Verhältnisse wohl von denen Deutschlands nicht sonderlich abweichen.

Man sieht, daß das Konto für die alkoholischen Getränke ungemein hoch ist. Dadurch müssen natürlich andere Bedürfnisse leiden, besonders die Ausgaben für Nahrungsmittel, Wohnung und Kleider. Die Menschen entscheiden sich viel leichter zu Entbehrungen im Essen, zu ungesunden Wohnungen, schlechter Kleidung als zum Entsagen der alkoholischen Getränke. Welch unermeßliche Verluste durch den Einfluß der verschlechterten hygienischen Bedingungen der Ernährung, des Wohnens, des Bekleidens sowohl für die Gesundheit als auch für die Arbeitsfähigkeit entstehen müssen, liegt klar zutage.

Daß die Wirksamkeit der zitierten Faktoren, welche die körperliche Konstitution des Menschen allmählich schwächt und untergräbt, der um so eindringlicheren Intoxikationswirkung des Alkoholgiftes alle Tore öffnet, ist gleichfalls selbstverständlich.

Durch den Einfluß der angeführten Ursachen, welche nicht nur die somatischen sondern auch die dem geistigen Leben dienenden Organe treffen, sinkt natürlich auch der Arbeitswert stets mehr herab.

Diese Entwertung der Leistungsfähigkeit, die bereits in absolutem Sinne ein gewichtiges Moment bildet, wird im Kampf ums Dasein desto schädlicher und gefährlicher, weil jene Individuen, die entweder auf Grund des Abstinentismus oder infolge hoher Resistenz des Organismus gegen die alkoholische Noxe vom schädlichen Einfluß derselben verschont bleiben, in ihrem Berufszweig sich unter sonst gleichen Verhältnissen den Alkoholtrinkern überlegen zeigen.

Je krasser sich der Kampf um das Dasein zwischen den betreffenden Gruppen der Gesellschaft gestaltet, desto gefährlichere Folgen wird diese Gestaltung des Arbeitswertes in den sozialen Verhältnissen zeitigen. Je größer die Hindernisse sind, welche sich der Erhaltung der für die Existenz des Menschen notwendigen Bedingungen entgegenstellen, desto härter und rücksichtsloser wird die Führung des Kampfes ums Dasein.

Das Anwachsen des Arbeitswertes zeigt sich bei denjenigen, auf welche die alkoholische Schädlichkeit keinen Einfluß ausübt, und das Sinken desselben bei Menschen, die der Intoxikationswirkung des Alkohols unterliegen. Solchermaßen wird der Alkohol zu einem der wichtigsten Faktoren bei der Entstehung des Pauperismus — einer Krankheit der menschlichen Gesellschaft, deren Bedeutung in neuerer Zeit mit größerem Nachdruck sich geltend macht.

Auf dem Wege des Pauperismus führt jedoch der Alkoholismus zu stets tieferen Stufen, d. h. zur Bettelei, Vagabondage, Prostitution etc.

Da infolge der chronischen Alkoholvergiftung auch die moralische Seite des Menschen einen bedenklichen Wandel erleidet, so daß das Pflichtgefühl der Familie, der übrigen Gesellschaft gegenüber verloren geht, das Ehrgefühl, die menschliche Würde abgestumpft werden und die groben, hauptsächlich auf die Erneuerung des Alkoholgenusses gerichteten Triebe Überhand erlangen, so erscheinen die oben genannten Stufen nahezu als die logische Konsequenz der angedeuteten Veränderungen des Verhältnisses zur Außenwelt.

Um die Bedeutung des Pauperismus schätzen zu lernen, erscheint es zweckmäßig, einige Zahlen anzuführen. Außerordentlich lehrreich sind diesbezüglich die Angaben Whites aus dem Jahre 1898. Derselbe schreibt: »Die englische Nation ist eine der reichsten der Welt. Trotzdem lebt eine große Anzahl ihrer Zugehörigen in Not und Elend und geht in Hadern herum. Jeder dreizehnte Mensch stirbt im Armenhause, jeder achte in einem öffentlichen Asyle. So kommt es, daß durchschnittlich 2700000 Bewohner ihr Leben im Armenhause, 3800000 in einem öffentlichen Asyle ihr Dasein endigen.« Wo kommt diese Armut her? Sind denn die Löhne so niedrig, um diese Konsequenzen nach sich zu ziehen? Keinesfalls! Im Gegenteil, sie sind verhältnismäßig höher als in allen übrigen Staaten. Der Grund jener Erscheinung ist der, daß zu viel Geld auf alkoholische Getränke verwendet wird, die nicht nur überflüssig sondern sogar schädlich sind. In den Jahren 1866—1869 wurden für dieselben £ 112590550, im Jahre 1899 £ 162163474 verausgabt.

Sehr instruktiv ist auch die folgende Tatsache, die zwar etwas älteren Datums ist, deshalb aber doch an Wert nicht verliert. Im Winter 1860—1861 herrschten in London große Fröste, die Arbeitsmangel zur Folge hatten. Die Gemeindekasse zahlte Unterstützungen an 130770 Personen aus — um 38851 Personen mehr als in anderen Jahren. Zugleich wurde jedoch festgestellt, daß von den 7947 Handwerkern und Arbeitern, welche Mitglieder von Temperenzvereinen waren, kein einziger in diesem schlechten Jahre um Unterstützung nachgesucht hat.

Ich glaube, daß das, was bisher angeführt wurde, völlig genügt, um über jene Perspektive ernst nachzudenken, der die menschliche Gesellschaft entgegensieht, insbesondere in bezug auf die unabsehbaren, geradezu fürchterlichen Wirkungen des Alkohols, von welchen die Nachkommenschaft getroffen wird.

Es ist klar, daß das Übel des Alkoholismus, das in den mitteleuropäischen Ländern ungeahnte Dimensionen erreicht hat, nicht nur weiter wachsen wird, solange demselben freier Spielraum belassen wird, sondern daß auch die deletären degenerativen Wirkungen auf die körperliche wie geistige Entwicklung des Menschen größere Dimensionen annehmen werden.

Soll dies anders werden, muß es in den bisherigen Ansichten und Gewohnheiten zu einer radikalen Wandlung kommen.

Als bewährtes Mittel zur Erreichung dieses Zieles hat sich der strenge Abstinentismus erwiesen, dessen Anhänger sich ganz und gar von dem Alkohol losgesagt haben, denselben unter keinen Bedingungen und in keiner Form zu sich nehmen.

Die Anhänger der strengen Alkoholabstinenz machen bereits durch die einfache Tatsache, daß sie in der Familie, den Ämtern, bei gesellschaftlichen Unterhaltungen, in öffentlichen Lokalen, Vereins- und politischen Versammlungen, kurz überall und unter allen Umständen Wasser trinken und sich diesbezüglich in auffallender Weise von den übrigen unterscheiden, auf die neuen Richtungen der Alkoholfrage aufmerksam, wecken das Interesse für die neueren Erkenntnisse auf diesem Gebiete und für die Frage des Alkoholismus überhaupt.

Es muß jedoch beachtet werden, daß eben diese konsequente, unter allen Umständen zur Ausführung gebrachte, keine Ausnahme kennende Lossagung vom Alkohol in hohem Maße geeignet erscheint, als Beispiel zu wirken.

Denn für die bestimmte Entscheidung der Mehrzahl der Menschen ist, wie Bunge treffend bemerkt, nicht stets das Gewicht der Gründe maßgebend, sondern der Umstand, wie in ähnlichen Verhältnissen andere Menschen vorgehen.

Die einwandfreiesten Gründe, die schönsten Worte, die feurigste Beredsamkeit verhallen, wie die Erfahrung lehrt, umsonst, aber das stets vor die Augen geführte Beispiel, sei es das törichtste — wie die verschiedenen Modetorheiten lehren — haftet fest.

Sicher ist, daß, wo der Kampf im Zeichen des strengen Abstinentismus aufgenommen worden ist, wie z. B. in Schweden, Norwegen und den Vereinigten Staaten von Nordamerika, überall die schönsten Früchte geerntet wurden.

Man muß jedoch stets im Auge behalten, daß der Abstinentismus, indem er in die Trinksitten und die alkoholistische Anschauungsweise der jetzigen Gesellschaft erfolgreich eingreift, den Boden auch für legislative, administrative und andere Vorkehrungen bereitet, durch welche der Kampf gegen den Alkoholismus gewiß ausgiebig unterstützt werden kann.

Bezüglich dieser Frage muß man sich nämlich gewärtigen, daß die legislativen Vorkehrungen schließlich stets als der Durchschnittsausdruck der Ansichten zu betrachten sind, die über gewisse Fragen herrschen.

Infolgedessen ist der Schluß berechtigt, daß, solange die Staatsgemeinschaft unter dem Joche des Alkoholismus sich befinden wird, keine eindringlicheren, den Alkoholismus intensiver treffenden legislativen Vorkehrungen erwartet werden können.

Es erübrigt noch hinzuzufügen, daß der strenge Abstinentismus wichtige Beziehungen zur Rettung der vom Alkoholismus geheilten[1]) Trinker hat.

Kehrt jedoch der geheilte Trinker aus der Anstalt zurück, so ist es notwendig, wenn er dem alten Übel nicht wieder verfallen soll, daß seine Familie abstinent und demselben der Verkehr mit abstinenter Gesellschaft ermöglicht werde.

---

[1]) Eine der bekanntesten Heilstätten dieser Art ist die Anstalt »Ellicon« in der Schweiz, die von dem bekannten Fachmann in den Fragen des Alkoholismus, Forel, bezeichnet worden ist. Das zu diesem Zweck dienende Heilverfahren besteht darin, daß dem Opfer des Alkoholismus der Alkohol entzogen wird, worauf dasselbe zur Abstinenz erzogen wird.

Der geheilte Trinker muß nämlich dauernd abstinent bleiben. Der Genuß der geringsten Dosis Alkohol kann wieder eine unlöschbare Begierde nach dem Alkohol herbeiführen, die ein geheilter Trinker nur schwer bekämpft. In nicht abstinentem Milieu wird er nicht nur leicht verführt und durch das Beispiel sondern auch durch Worte angespornt, das Verlassene wieder zu versuchen, was schwere Folgen nach sich ziehen kann.

Aus alledem geht hervor, daß insbesondere der strenge Abstinentismus, indem er sich vielseitig in den Dienst wichtiger Interessen der menschlichen Gesellschaft stellt, das Ziel der körperlichen und moralischen Hebung der letzteren verfolgt, wodurch ihm der Charakter einer fortschrittlichen Idee aufgeprägt wird.

www.ingramcontent.com/pod-product-compliance
Lightning Source LLC
LaVergne TN
LVHW042249300926
849161LV00003B/534